活をつづけている自分をさらけ出せばいいのだ〟と。

佛教に「往相《おうそう》」と「還相《げんそう》」という言葉がある。前者は真理に向かう姿であり、後者は真理から日常生活に戻ってくる姿である。しかし、実際は、往相のなかに還相があり、還相のなかに往相がある。神を求め、実相を求める姿がそのままに神の恩寵である。

一九四三年（昭和十八年）に私は谷口雅春先生の講習会に参加して生長の家を知った。それから今日まで、永い時間のようにも思われるが、また当時がつい昨日のようにも思えるのである。当時、私は詩の同人雑誌をやっていた。私の仲のよい詩の仲間の一人が言ったものである。「渋谷、おまえはその〝生長の家〟とやらに入ったら詩がまずくなった。おまえの詩は、必ずお終《しま》いは〝光〟がくる。〝よろこび〟〝感謝〟〝幸福〟がくる。紋切り型だ……」

しかし、光の世界、よろこびの世界にも奥行きがある。平凡といえば平凡のなかにも生命の躍動があり、神意があると思うとき、その世界を深めることを私は決意したのである。

本書は、著者の、折り折りの場で発表した信仰体験やエッセイをまとめ、それに書きおろしを加えたものである。本書を上梓《じょうし》するに当り、日本教文社の方々、わけても第二編集部の永井光延部長と稲田佳子さんには一方ならぬお世話をいただいた。記して厚く感謝申し上げる次第である。

平成十四年三月吉日

渋谷晴雄

光の国から——目次

はしがき

第2章　光の讃歌——折々の記

第3章　光の回廊——往相と還相2

第1章

光の回廊

往相と還相 1

生長の家にふれる

それは一九四三年（昭和十八年）のことだった。ある人が私にこう言った。

「谷口雅春という哲学者の講演会があるけれど、君行かないか。この人の話はむずかしくて、渋谷君、君のような頭のいい青年しか聞いても分からないんだ。どうだ、君行かないか？」

それを聞いて私は思った。

――そうか、そんなにむずかしい話で、私のような頭の良い青年にしかわからないのか。それでは行かなければなるまい……――

こうして私ははじめて谷口雅春先生の講習会に参加したのである。当時、私は二十歳であった。

考えてみればこの人はうまいことを言ったものである。もしその人が、

「谷口雅春先生のお話はわかりやすくて、どんなバカが聴いてもよくわかる。君なんかちょうどいいから参加しないか？」

こんなことを言われたら、私はすぐにことわったに違いない。

「私は忙しくてそんな話を聞いているひまはないよ」と。

講習会場は仙台市の西公園にある公会堂で三日連続の講習会だったと思う。黒板に先生が円を描いて縦横に線を引き、〝時間〟〝空間〟と板書された。その姿が今でも目に浮かぶようである。

この講習会に参加してから、私は『生命の實相』を読むようになった。当時私は肺結核にかかっていた。しかし、病気が治ることについてはあまり関心がなかった。それより、この『生命の實相』は私に生きることの意味を教えてくれたといってよい。

実は、私の母は私が八歳のとき、やはり肺結核で死んでいた。それで私の今の母は継母であった。この継母と私は折合いがわるかった。それは、自分をおいて死んでいった生母へのうらみが継母に投射していたからかもしれない。そしてそれと同時に、父に対する不満もあった。どうして勝手に再婚したのか、という父への不信でもあった。

そんな私だったが、『生命の實相』を読んでいるうちに心が変わり、父、母に対する反抗心は消えてしまった。反対に父、母への感謝の心が起った。父は再婚だが、母は初婚であった。五人の子持であった父と結婚してくれた母には感謝すべきでこそあれ、うらむ筋合いはなかった。父も、私たち子供の幸せを思って再婚してくれたのであった。

こうしたことが、ようやくわかるようになった。それは『生命の實相』を読んで心が素直になったからであった。

心が変わったら、病気の方も変わってしまった。医者は、四年ぐらいは入院すべきだ、と言っていた。しかし、一ヵ月後にレントゲンで調べてもらったら、病巣は消えていた。

私は健康になると同時に、人生の生き甲斐に目覚めた。父に『生命の實相』全巻を買って贈呈した。といっても本を買うお金はみな父からもらったものだったが……。

父は『生命の實相』を読んで、大変よろこんでくれた。父はそれまで大本教の信者であり、東北地区の大幹部だった。父は言った。

「谷口雅春先生はもと大本教におられた。そしてこの『生命の實相』には、大本教にはないすばらしい真理が書かれている」

こうして父は「生長の家」の勉強をしてくれるようになった。

しかし、母は違っていた。

「それは迷信だ」

と言いつづけたのである。

私は、なんとかして母に「生長の家」をわかってもらいたかった。しかし、自分が母に説教するわけにはいかなかった。そこで、当時仙台で有名な地方講師の里見司馬太先生にわが家に来てもらい、生長の家の教えについて話してもらった。

先生は応接間で父と母とに話した。私も入りたかったが、「きょうはお父さん、お母さんへの話だから、あなたは聴かなくてもいいです」という先生の言葉で、隣の部屋にいることになった。障子と唐紙だけの仕切りなので先生の言葉はきこえた。

先生の話は夫婦調和についてであった。先生は言った。

「夫と妻とは神の子として平等であります。しかし、役割がちがいます。夫は陽、妻は陰であります。言うならば夫は針であり、妻は糸であります。針が主体となって糸がそれに従うとき、着物も縫うことができるのです。……」

たしかに私の家は、婦唱夫随であった。父が何かいうと、それを否定して最後にものを言うのは母であった。里見先生ははじめてわが家に来たのだが、直観でわかったらしかった。

先生は諄々と生長の家の教義について話した。すると、母が急に、

「すみません、私が間違っていました」

と父の手をとって泣きくずれたようだった。父も、

「いや私がわるかった」

私はそれ以上聞きたくなかったのでその部屋を出た。

先生は二時間ほどわが家におられた。午前十時頃からお昼頃まで。「食事をたべていって下さい」という父母の声に、「いやきょうは用事がありますから」と、ことわられた。

その先生をお見送りする母の顔を見て私はおどろいた。母は、それまで見たことがないほど明るい顔をしていた。まるで雨がはれて青空がでてきたように晴れ晴れとした表情だった。

母は私に言った。

「生長の家はいい教えだね、晴雄。私も目がさめたような気持だ。これから生長の家を一所懸命やるからね」

ところでわが家には困ったことがあった。

それは、このあと母から生まれた弟の純雄《すみお》(七歳)と敦子《あつこ》(五歳)とが、肺結核に冒されていたのである。二人とも食欲もなく、寝たっきりで、便所に行くこともできなかった。医者もサジを投げたような格好で、家の離れに寝ていたのだった。

ところがその日、ふしぎなことが起った。里見先生が帰って二時間ほどあと、純雄がとつぜん、

「腹へった、ご飯が食べたい」

と言うのであった。母はおどろいて、「あんた、なんで食べるの?」ときくと、純雄は、

「おつけかけて食べる」

そして寝たままおいしそうに一膳の味噌汁ごはんを食べた。隣に寝ていた敦子も、

「わたしも食べる」

こういって食べはじめたのである。

二人ともこれまでは食欲もなく、おかゆをスプーンで無理におしこむようにして三口か四口しか飲みこまなかったのである。

それから二時間程経って、純雄は言った。

「おら、寝てんのやんだから起きる！」

こう言って襖《ふすま》と衝立《ついたて》にしがみつきながら立ち上がったのである。敦子も純雄のまねをして立ち上がった。

その日から二人は立ち上がったのである。もう病床に寝ることはなかった。

里見先生は病気を治す話をしたわけではなかった。ただ、生長の家の生き方が、夫唱婦随であることを話してくれただけであった。

その時私はわかった。親子というのは手の指のようなものである。指だけを見れば別々に独立した指である。しかしそれらは一本の手なのである。一つのいのちがつらぬいているのである。

私はこの真理を体験してみ教えの深さ、偉大さをあらためて知ったのであった。

人間はみな天才

このようにして「生長の家」にふれ、体験をいただいた私だったが、分からないことが一つあった。それは人間はみな天才ということだった。病気は心が原因で起り、心が変われば症状もよくなる、ということは分かった。

しかし、人間の能力には差がある。頭のいい者、よくない者がいるのは遺伝の法則から言って当然ではないか。こんなことを私は考えていた。私は旧制高校理科の二年生であり、科学を学んでいたから、メンデルの法則というものがある、だから〝人間がすべて天才〟というのは誇張ではないかと思った。しかし、「生長の家」で救われた私は「生長の家」の教育を実際にやってみようと思ったのである。

当時の高校生は、別に貧乏というわけではないが、家庭教師のアルバイトをする者がすくなくなかった。私も、それで家庭教師になった。相手は床屋の息子で中学校の三年生だった。彼の行っていた学校は、野球は強いがアタマの弱い生徒の多い学校で、そこで彼は成績がわるく落第しそうであった。とくに英語ができない。そこで私は英語の家庭教師になったのである。

はじめて彼の家に行ったとき、彼は見るからに茫《ぼう》っとした感じであった。しかし私は彼に「生長の家」のほめる教育をしようと思ったのである。

まず最初に私は、

「君、〝少年〟と書いてごらん」

と言った。するとBOYと正しく書けた。そこで私は彼をホメた。

「君はすばらしい能力がある。たいしたものだ」

次いで、

「〝少女〟と書いてごらん」

と言うと、彼はGARLと書いた。あきらかに間違いである。少女はGIRLと書くのが正しいわけだ。しかし私は彼をホメた。

「ほとんど合っている。君は英語にすばらしい能力を持っている。天才だ」

私のこの言葉を真《ま》に受けて、彼はニッコリ笑って言った。

「先生、また来てください」

こんなわけで私は二年間、毎週二回ずつこの少年の家庭教師をつづけた。腹の中では〝このバカが〟と思いながらもホメつづけたのである。彼は落第こそしなかったが、ほとんどビリで中学校を卒業した。結局家庭教師はあまりうまくいかなかったのである。たしかに「生長の家」

の教えでは、ホメるというのは口先だけでホメるのではなく、心の底からホメなければならないのである。

その後のこと……

第二次世界大戦がはげしくなり、私は次第にこの床屋さんと疎遠になった。それから数年経ったある日。

私は偶然にこの床屋さんの前を通りかかった。私は思いだした。そういえば私はここのバカ息子に英語を教えていた。今どうしているだろう。こんな気持で私はその床屋さんの入口の扉を押した。

すると、彼のお母さんが、客の頭をあたっていたが、私を見つけると大きな声で、

「まあ、渋谷先生、しばらくだこと。私たちは先生にお会いしたい、とずっと思っていたのですよ。まあよかったこと」

こういって彼女は自分が先になって二階へ上がって行った。

私は客が気になって、

「お客さん待ってるでしょう」

彼女は、

「そんなこと心配いりません」

そして私に、

「何か食べて下さい。そう、ウナギを取りましょう、それからステーキでも……」

彼女はえらくはしゃいでそんなふうに言った。

それで私は質問した。

「あの、息子さん、いまどうしていますか?」

すると彼女は目を輝かせてこう言った。

「それがすばらしいんですよ。みんな渋谷先生のおかげです……」

聞いてみると、彼は中学を卒業して進駐軍の通訳になった、という。それも三級から二級にあがり、やがて一級通訳。そして、天皇陛下が宮城県に行幸になられたとき、天皇陛下とアメリカ軍の一番えらい人との間を通訳したのが彼だ、というのである。

私は空《あ》いた口がふさがらなかった。思わず「アノバカが……」と言葉にならない言葉をつぶやいた。

たしかに人間は天才である、という生長の家の教えは正しかった。バカというのは、その能力が土の底深く隠れているだけである。こうして〝現われない〟能力は、誰が見てもわからない。親が見ても、兄弟が見ても、学校の先生が見ても……。ただし「生長の家の教育法」をする人々だけは別である。あらわれていないこうした〝天才〟を引きだすのはコトバの力である。しかも隠された無限能力を信じ、観ずる思念に裏打ちされたホメ言葉である。

私は腹の中では〝コノバカが〟と思い、口先だけでホメた。それでもこうした結果がでる。ほんとうに人間は無限能力を内在する天才なのである。

そこで私は、彼のお母さんのコトバがよくわかった。ウナギとステーキと両方を食べる権利が私にはあった。……

仙台で空襲に遭う

一九四五年（昭和二十年）、第二次世界大戦も終りに近く、日本は敗色濃厚だった。私の家では、結核が治った弟の純雄と敦子は母とともに、近くの田舎に疎開していた。私は養父母とともに仙台の隣の村、岩切に疎開していた。実父は仙台市役所の収入役という仕事を持っていたので、父だけが毎日市役所に通っていた。

家族ははなればなれになっていたが、毎晩時間を決めて家族一同神想観を行なっていた。現象世界には戦争や不幸があるけれども、神に創られた実相の世界は天人常に充満する平和なよろこび一杯の世界である……。

十方世界悉《ことごと》く神なり。
神の無限の智慧の海なり……
神の無限の愛の海なり……

……………


この大調和の実相の大海原に宮柱太しく立ち、甍《いらか》高く聳《そび》えたり、ここ竜宮城なり……

住む人悉く身健かに、心美しく、相形《すがた》美《うる》わしく和顔愛語讃歎に満たされたり……


このように家族はバラバラに住んでいたが、神想観は全員で行なった。……

一九四五年（昭和二十年）七月。仙台はアメリカの大空襲に遭った。私は岩切の村から見ていたが、いつもは暗い空が、真赤に燃え上がっていた。空襲の次の日。私は仙台のわが家をたずねた。いつもは国鉄で仙台駅まで十三分。しかし、その日は国鉄もない。私は線路にそって歩いて行った。まったく無残な焼跡だった。家は焼け落ち、樹木は焼けた姿をさらしていた。どこが自分の家か、目じるしになる家もない。仙台市は中央に電車の環状線があったが、この環状線の中は、ほとんど家がない。ところどころに馬や牛の焼けた死体がころがっていた。人間の死体もあった。私の歩いていった道は、まだくすぶりつづける火で熱かった。いったいどこに私の家があるのだろう。行けども行けども焼跡ばかりだった……。

すると私の目の前数一〇〇メートルのところに一軒の家が焼けないで残っていた。〝運のいい家もあるものだな〟と私は思った。

そしてその家に近づいてみると、見おぼえのある家である。それは私の家であった。私の家は焼けず、家財道具もそのままだった。『生命の實相』をはじめ、聖典類も健在であった。

〃ああ、よかった。それにしても何故私の家だけが焼け残ったのだろう〃

あたり一面の焼け野原を見ながら私は思った……。

あとで、生長の家の集まりなどで私がこの体験談を話すと、友人に怒られる。

「きみは、ほかの家がみな焼けたのに、自分の家だけ焼けなかったのがそんなにうれしいのか。きみはエゴイストだ」

もちろん、私は自分の家が焼けなかったことだけがうれしいのではない。私たちが心を実相の世界に集中する程度に応じてそこに平和な世界が現われる。家族が祈れば、祈っただけのことがある。もし隣の家でも生長の家の祈りを行なえば、それだけの結果があったはずである。もし日本中の人が祈ったら……?　そもそも戦争などは起らなかったはずである。どんな不幸のなかでも、火にも焼けず水にも溺れない世界があるのである。

この体験が私の「生長の家」に対する信を深めてくれたのである。

私の実相体験

こうして私は生長の家のみ教えにふれ、いろいろお蔭をいただいた。人々に私が「生長の家」の話をすると、病気の人々が健康になったりした。また私は多くの「心霊研究」に関する本を読むことができた。それは私が偶然に古本屋に入ると、手がひとりでにそれらに関する本のところに行くのである。こうして私は人間生命の死後存続や霊界に関する本を百冊以上読むことができた。宮城県の図書館の書庫に特別入れてもらい、心霊に関連した文献を読むこともできた。その結果私はこの領域では『生命の實相』の頭注版第9、10巻に述べられていることが最も信頼に価《あたい》するものであると思うことができた。

しかし、私の魂の進歩の方は遅々《ちち》としてはかどらなかった。知的興味として『生命の實相』その他の聖典を読み、教義についてはある程度理解することができるようになった。しかし肝腎の、神のいのちと自分のいのちとは一つである、ということが実感できなかったのである。もちろん神想観も実修した。聖経読誦もおこたらなかった。こうして十年以上も私は魂の闇の世界を歩きつづけた。なんとしても本当のことを知りたい、自分のいのちが神のいのちと一つであることを体感したい、こういう願いをもって私は瀧に打たれたり、坐禅のまねごともした。当時は仙台におられたわが国の超心理学の草分けである福来友吉先生のお宅に伺ったり、神道の川面凡児《かわつらぼんじ》先生の高弟である馬場龍《りゅう》老師から「古事記」の講義を受けたりした。

私がこうした暗いトンネルからでることができたのは一九五八年(昭和三十三年)のある初秋の午後のことであった。

その日、私は神想観実修後のすがすがしい気分で、道を歩いていた。なにか、予感のように、ふしぎに軽やかな感覚が、私の身うちに生まれていた。私は、道を歩いている私自身のうちに、その私を見つめている、ちょうど歩きはじめた子供を見守る母のような、もう一人の自分を感じたのだった。私は、日常の見なれた道を歩きながら、それが、はじめてのような感じであった。それは場所というよりは、時間の感じであった。たしかに、誰でも現在を生きている。そしてその現在は、未だ嘗てなかったものの到来である。しかし、日常に於いては、そうしたはじめてという感じはない。それは言うなれば生活のために真実を蔽《おお》っているのではないか。人と出会ったといってもほんとうにその相手と出会うのではなく、自分が、すでに過去から造り上げた観念としての誰某《だれそれ》という人間しか見ていない。それは真実なもののうえに蔽われた虚偽ではないか。

そんな想念が私のうちにはしばらく前からあった。しかし、その日、私は、見るものが何故かふしぎにそのものとして新鮮に私に迫ってくるのを感じた。何故だろう。

　そのとき、不意に私は見た。建物の壁が、西陽に眩《まぶ》しく輝いていたその壁が、私のなかに入ってきた。およそ一〇〇メートル位離れていたその建物に私は触っていた。私はひろがり、建物の壁にまで達していたのだ。私は、気がつくと、その建物、樹木、芝生などの膨大な空間そのものになっていたのだ。私は肉体のうちに閉じ込められた小さな存在ではなかった。ずっと向こうに青く山脈がひろがっていた。その山脈も私であった。

　これはどうしたことなのか。私は気が狂ったのか。狂気などではなかった。ひろびろとして明るく、強烈なこの生命感。この一瞬の充実に比べれば、これまでの私の人生は、生命の予感にすぎなかったのだ。自己という卑小なものではなく聖なるもの、超越者が私自身だったのだ。

　私は傍に立っている樹木を見た。樹木は完全に変貌していた。それは過去から生きのびてきた物質ではなかった。それは、瞬間、瞬間、無のなかから生起していた。同時にそれは瞬間、瞬間、完全に消えていた。物質はない！　それは無いのであった。しかし、そこにその都度聖なる存在が贈られるのであった。炎のようにきらめき、そこに「在る」ということがこの世ならぬ浄福の感謝であった。

　私は過去からの「罪ふかい」私ではなかった。私は刻々死に、刻々生まれていた。宇宙の創造がそこにあり、私は何という特権によって、この聖なる創造に立ちあうことができるのか！

　そのとき、鳥が飛び立った。恐ろしいばかりの不意の感動だった。私の胸のなかを羽搏《はばた》くいとしい生命の羽搏き。これが愛というものなのだろうか。私は涙を流していた。この感動と充溢と感謝を表現するのに、私の言葉は古い意味をまとった不細工な概念にすぎない。生きているということは何という不可思議の贈与であろう。この厳粛さ。私は、いま生まれた。古い我の殻は粉々に砕け、いま、はじめての祝福された私が、道を歩いている。私は透明になり、事物は生命として私自身であった。

　このような私の体験は、約三十分ほど続いた。

　気がついてみると、私は、それまでの余計なものが洗い流されているのを識《し》った。それにも増して私は、それまで、私と客体との対立という枠を超えて、その根柢《こんてい》こそが実在であることを知った。事物は客体ではなく、超越者であり、私自身がそれである超越者と超越者との出会いが、真の一回限りの生であり、そこに真の愛の関係があり、歓びと畏敬と調和があったのであった。そしてそれを支える実在界は秩序と生命の祝祭であった。

　この私のささやかな体験は、私にとって、すくなくとも『生命の實相』の世界に参入する鍵となった。現象は「無」であり、実在は神そのままの荘厳の世界であり、それはいま、現に光明そのものとして此処にあることを、私は、私なりに納得したのである。

　私はその後、このように「異様な」体験はない。しかし神想観を通じて、同質の実在世界とひとつになるという輝かしい自覚を与えられている。

　こうして私は一歩前進することができた。人間は霊的存在であって、神のいのちがわがいのちである、ということを感ずることができるようになった。

私は大学を卒業して印刷会社に十年ほど勤めた。しかし私は、このすばらしい「生長の家」のみ教えをもっともっと学び、人々に宣布しようという気になった。私はそれまでの仕事をやめて谷口雅春先生の膝下に馳せ参じたのである。

一九六三年（昭和三十八年）、先生ははじめての世界御巡錫《じゅんしゃく》にお出になった。当時本部渉外局で働いていた私は先生からこの御巡錫の写真帖をつくるように命ぜられた。それは私が印刷の仕事ではプロであることを先生がみとめられたからである。

先生のお宅で、私は先生とテーブルを前にさし向かいに坐った。大変私は緊張していた。先生は言われた。「友だちのつもりで話しましょう」。先生は春風のようなお方だと思った。先生は私の持っていった原稿に手を入れられ、不足の部分にはその場で加筆された。三、四時間もそうしていた、と思う。

ブラジルの御巡錫では、先生ご夫妻はこまかい赤土の飛ぶパラナ州を車やテコテコという小型飛行機で各地に行かれた。大変ハードなスケジュールであった。この赤土は輝子先生の着物の衿《えり》を赤く染めてどうしてもとれないということだった。

こうした先生の長距離の御旅行は、ほんとうに大変だった、と思った。そしてひそかに私は思った。〝私はこんなところへは行きたくないな。行くならやっぱり北米だ〟と。しかしそれから三十年後、私はブラジルに行くことになったのである。

デーヴィス氏*との出会い

一九六四年（昭和三十九年）、谷口雅春先生がハワイ、北米、カナダ、メキシコ、ペルー、ブラジル、そしてヨーロッパへと世界御巡錫をされた翌年のこと。私は当時渉外局（現在の国際部・総合企画室）国内部次長に任命されていた。

ある日、谷口雅春先生から御指導のメモがきた。当時は谷口雅春先生が本部職員を直接に指導され、それがメモの形式で各人に伝えられた。そのメモにはおよそ次のようなことが書かれていた。

《渋谷君、こんど北米から来る光明思想家ロイ・ユージン・デーヴィス氏の通訳をするように。通訳といってもむずかしいことはない。アメリカ人は通常講演をするとき、あらかじめ原稿を準備する。その原稿を送ってもらって日本語に訳し、それを暗記しなさい。そして実際の講演のときはそれを見ないで話せばよい》

私はおどろいた。〝えっ！　通訳！　とんでもない。私はそんなことはやったことがありません。平にご辞退いたします〟また、私は思った。谷口雅春先生という方は大変えらいお方である。しかし、先生は人間神の子無限力をそのまま信じておられるのが欠点である。先生は相手の能力以上のことを命じられる……。しかし私は本部職員である。先生の言われることは何んでも〝ハイ〟である。したがって私は「ありがとうございます。頑張ってやります」と答えた。

それからが大変である。原稿を送ってもらって日本文に訳し、暗記した。

いよいよデーヴィス氏の講演会の日になった。会場は東京・新宿の厚生年金会館ホールで、そこに三千人をこえる聴衆が参加した。そして谷口雅春先生も壇上にあるお席でデーヴィス氏の講話と私の通訳をお聴きになっていた。私は何を喋ったか覚えていない。私はそれまでこんなに多くの人の前で話をした経験はなかった。せいぜい二、三十人。私は本部講師ではなかった。本部講師補にすぎなかった。

翌日、谷口雅春先生からメモが届いた。私は心臓がはげしく鼓動するのを感じた。お叱りをいただくのだろうか。しかしそのメモは全く違っていた。

《渋谷君、君の通訳はすばらしかったよ》

やったあ！　私のそれまでの苦労はいっぺんに消えてしまった。

〝先生ありがとうございます。これから本当に勉強します。そして本当の通訳ができるようになります〟

私は自分のうちに無限にのびる力があることを実感した。そして思った。

〝これが生長の家の教育法だ。谷口雅春先生はそれを実行されたのだ。先生の「信」と「観」によって私は支えられていたのだ！〟

当時のことは、一九六四年（昭和三十九年）十二月号の『白鳩』誌（四八～五一頁）に載っているので、転載する。

《九月八日から二十五日まで、短かい日本滞在だったが、私たちに、何か不思議にやさしい微風のような、表面おだやかで、うちにふかく輝くものを秘めた晴れた日の海のような――、あるいはかるく、またあるいは圧倒的な印象を与えて去っていったデーヴィス氏。

谷口雅春先生の御愛念によって通訳という大任をいただいたぼくは、ほんとうに幸福だった。なぜなら、仕事を通して、ぼくは朝から晩までデーヴィス氏と一緒に暮らし、デーヴィス氏をほんとうに身近に感ずることができたから。そして、その幸福という気持は、いまでは、なにか責任めいた感じになっている。――あの日々、あのデーヴィス氏と一緒だった、明るい秋の日々は、いったい何だったのか。何をぼくに与えてくれたのか。そんな問いを、ぼくはぼくに言いきかせる。

＊米国光明思想家。若くしてヨーガナンダの門に入り、ヨガの奥義に到達した光明思想家。そして『人間とは何か』『新版　心の力の秘密』（日本教文社）等の、素晴らしい霊感の書の

著者。谷口雅春先生により、「アメリカの光明思想家中、いちばん若く、いちばん未来が嘱望《しょくぼう》される人」と折紙をつけられた人。外国人として、生長の家名誉講師の第一号。

デーヴィス氏は長身の、若い、それはそれは美しい青年だった。風のつよい日、羽田空港に降り立ったこの人を、ぼくは田村大《ひろし》君から紹介された。握手。あたたかい眼《ま》なざし。なにかじーんとくる熱いものをぼくはからだの中で感じた。それは、これから、米語の通訳という仕事への武者ぶるいのような、しかし、もっとじかに伝わってくる親近感のようなもの……。

東京は九月九日、厚生年金会館ホールで午後一時からの講演会。聴衆は、三千人入るホール一杯、この海を渡ってきた天使の福音をきくために来集《らいしゅう》。ぼくは、はじめての通訳という仕事で、壇上に立って、〝とにかく、せっかく日本に講演に来られたデーヴィス氏の使命が神様の祝福によって充分に達成されますように。そしてそのために役立ちますように〟と、それだけの気持で、通訳をやった。

早口のデーヴィス氏の英語のひびきのなかには、深い確信と、決意、それから、なにか見えないものから聴きとっているような瞑想の静かさ――それと、リズム感をもって高まってくる熱のこもった美しい声、――こんなものがぼくにはよく感じられた。この講演の深さがぼくには日本語に移されるだろうか、そういった危惧の感じを、わずかに感じながら、しかし、ぼくは用意していた訳を読むというよりは、聴衆に向かって、デーヴィス氏の「口」として語りかけるような気持で、たのしく、そしてまじめに話しはじめた。マイクの調子もよかった。内容はずいぶん硬いものなのに、人々は、ほんとうに協力的に、同感をもって聴いてくれ、また、それが、ぼくには、あのホールいっぱいをつつむ、きらきら輝くような美しい調和の雰囲気となって、力づけてくれた。時には、ぼくの頭のなかに、すーっと通ってくる清々《すがすが》しい感じがあり、言ってみれば、ある大きな力がぼくやデーヴィス氏を包んでいる、という気持が、ふっと、した、時があった。

講演が終って席につくと、デーヴィス氏は、ぼくに握手をする。あの、心の底まで見えてしまうような感謝の眼なざし。ぼくは、生涯忘れることはないだろう……。

各地で、人々は、あたたかくこの遠来の客をもてなしてくださった。どこでも、よく行きとどいたお世話で、デーヴィス氏は、「まるで、ハリウッドのスター以上の歓迎」に、おどろき、またその愛念に感動していた。デーヴィス氏の「サンキュウ」には、ほんとうに実相を覚《さと》られた生長の家の講師の先生方が合掌して「ありがとうございます」と言う時とおなじような、まじり気のない素直さが、いつでも、感じられた。

御馳走に次ぐ御馳走という各地でのもてなしには、うれしい悲鳴で、「日本人は、いつも、こんなに沢山、おいしいものをたべてるの?」と、びっくり。「ノウ。日本人は、いつも、ご飯のライスと、ミソ・スープ、沢庵づけで、こういう御馳走は、ほんとうに、特別で、あなたへの歓迎のしるし。ぼくなんぞは、おしょうばんで、生まれて始めてのものばっかりです」と、説明しておく。

「デーヴィスさんはどんな人だった？」と、よく、気安く、皆にきかれる。ところで、ぼくは思うのだが、ひとを知り、ひとを理解するというのは大変なことなのだ。とくに、相手がすぐれている場合は。それで、ぼくは口ごもってしまう。しかし、ぼくが感じたことだけは、これははっきりと言いたい。ぼくは、デーヴィス氏と十八日間、ずっと一緒にいて、デーヴィス氏が困ったような顔をしたことは一度も見なかった。いつも、軽々とした感じで、ニコニコしていた、この明るい、言ってみれば底のない、無邪気としか言えないような澄明《ちょうめい》な感じ。デーヴィス氏自身も、そう自分を思っていたようだった。ぼくは聴いたものだ。

「ぼくは、おそらく、こんど『白鳩』に、デーヴィス氏について、という文章を書くことになるんだが、なんと書いたらアンタを正しくつたえることになるだろう」

するとと、彼は、ニヤリと笑って、

「デーヴィスは、若く見えるが、実は五十歳で、八ヵ国語をあやつり、奥さんのほかに恋人が三人、それに霊媒の能力があってキリストの言葉をきく……てな具合はどうだろう」

と、言ったあとで、ふっと真顔になって、

「結局、ぼくは思うんだが、ぼくは、ブライト・スピリット、明るい魂というのがぼくの本質だと思う。そこんところをうまく、書いてほしい」と。

しかし、ぼくがいちばん感じたことは、彼が、奉仕ということに徹しており、いつもセルフレス(自我がない)だったということである。このセルフレスということばは、デーヴィス氏が、「谷口先生は、ほんとうにセルフレスなんだと思う」と、心から先生を尊敬して使っていたそのおなじ言葉だ。まったく埋高く積まれた本、『人間とは何か』を、いとも気軽に微笑しながらサインをするデーヴィス氏。何をおいてもまずひとの為に仕事をする、ということが完全に身についている。

だが、傍にいて、デーヴィス氏は、すこしも、まったくすこしも、先生ぶったところがない。教訓を言わない。指導をしない。まるで、ただ十年も前からの遊び友達というふうに心をひらいてぼくに向かうのだ。つられて、こちらも友達づきあいの馬鹿話をやる。……しかし、デーヴィス氏はいちどもひとの悪口は言わなかった、批評はしても……。

……デーヴィス氏の言葉のうちから……

「どんな宗教的指導者も、ひとより偉い、と思ったら、それは間違いだ。ぼくの知っているすばらしい宗教家は、皆、すごく謙虚であった」

「どんな正しいことでも、ただそれを盲目《めくら》めっぽう信じたのではだめ。受けとり方が問題だ。真理というものでも、外側から『オキテ』としてしまえば、それは、奴隷の信仰だ。ほんとうのさとりは、そういう古い信仰の鎖から人間が自由になることだ」

「生長の家の人たちと一緒にいると、アメリカから遠くへきたような気がすこしもしない。自分と同じ質の魂の人たちのなかで、自分はほんとうに安らかに護られているような気持。この生長の家の人々のあたたかい心づかいに生涯変わらない感謝の気持と祈りを捧げることを、皆さんにおつたえ下さい」》（原文は正漢字・旧かな遣い）

ハワイへ行きなさい

一九六五年(昭和四十年)のある日。私はお山(谷口雅春先生のお宅の愛称)に呼ばれた。先生は言われた。

「ハワイに行きなさい。ハワイは、年とった人は日本語を話す。しかし若い人たちは英語しか喋れない。君は英語と日本語と両方話すことができるから、ハワイへ行って、年とった人には日本語で、若い人には英語で講話をしなさい。

ほんとうなら君が奥さんとそろってハワイに行ければいいが、ハワイは聖使命会員がすくないので、君と奥さんと両方生活することはむずかしい。だから、まず君がひとりでハワイに行って、聖使命会員をふやしなさい。そうしたらこんどは奥さんも行けるようになる……」

私は思った。〝先生はウマイことを言う……〟

しかし、私は言った。

「ハイ、わかりました。ハワイに行きます」

ハワイに行くにあたって、当時生長の家の理事長であった中林政吉先生はこういった。

「渋谷君、君をハワイに派遣するについて、何も心配することはない。ただ一つだけ。それは女性の問題である。南方の女性は、大変情熱的だときいている。以前東山半之助という年とった本部講師が一年ハワイに駐在したが、大変もてたそうである。君は若くて、奥さんをおいて一人でハワイに行く。だからもてるにちがいない。女性だけはくれぐれも気をつけなさい。個人指導をする時も、二人きりで個人指導をしてはいけない。誰か信頼出来る人に同室してもらって個人指導をしなさい」

ハワイは妙なところできょう行くと、きのう着くのである(時差の関係で)。私はその情熱的な女性がどんな人たちか、たのしみにして航空機のタラップを降りた。五百人ほどの信徒が、手に手に花束(レイ)を持って私を出迎えた。〝その情熱的な女性は?〟と思ってよく見ると、みんな七十歳以上。まるで敬老会に来たようだった。あとで分かったことだが、もちろん若い人たちもすくなくなかった。しかし彼女たちは、日本から来るお客様のために通訳として店にやとわれていた。だから日中は忙しかったのである。

美しい自然と美しい心

空から見る海に、いま大きな太陽が沈みはじめている。空いっぱい雲は美しい色彩で、荘厳な劇のフィナーレのように燃えていた。ハワイ島コナの海の夕暮である。

「先生、コナの日没は世界一美しいですよ」

コナの生長の家を育てた功労者の田上夫人が言った。

そう言えば、ハワイにはあっちにもこっちにも世界一がある。ヒロからコナに来る道の途中にあるパーカー牧場は個人持ちの牧場では世界一大きいとか、マウイ島のハレアカラ山の中腹にあるクラは世界一気候がよいとか。お国自慢であろうがみんなまじめに信じているのである。ハワイはホノルルのあるオアフ島のほかにマウイ島、カウアイ島、そしていちばん大きいのがハワイ島である。

はじめて行ったハワイ島コナでの講演会である。レストランの二階を借りきってそこが会場である。五十人ほど集った。講話が終ると、すぐそこが歓迎パーティーの場になった。食事を終って窓から見た風景はほんとうに美しいものだった。それにしてもハワイの生長の家の人は心暖かい人たちだった。そして講話には一所懸命聴き入ってくれる。

ハワイでは、日系人の若い人たちは二世や三世で、日常会話は英語である。日本語はたどたどしく、講話も英語の方がよくわかる、という。しかし英語で話をするのは準備が大変である。特に病気の名前などは、よく勉強する必要がある。

このコナでの講演会の前日である。ヒロのパホアというところの青年会館で話をする予定になっていたので、英語で原稿の準備をした。青年が対象だから、やはり青年の関心のあるテーマを選んだ。〃すばらしい半身を得るために〃とした。

控室に三十分程いて会場に案内された。扉をあけてびっくりした。聴衆はみんな老人ばかりだった。会場は青年会館だが、聴衆は相愛会、白鳩会の人たちだけだった。私は演壇に辿りつくまでにテーマを変えた。聴衆の関心のあるテーマに。それは〃天国に行くには〃だった。ひとに深切にし、人類光明化運動を一所懸命やる人は、幸福な生活を送り、やがて必ず天国に行ける……といった話である。

冗談を入れて話したら、みんなよろこんで笑ってくれた。明るい雰囲気が大切だと思って、なるべく愉快な話を選んだ。しかし、一人、どうしても笑ってくれない人がいた。一番前に坐っている男の人である。眉間《みけん》に深いシワを寄せて、私をにらむように深刻な顔をくずさなかった。私は降参して、講話が終ってから司会者にきいた。

「あの一番前のおじいさん、始終むずかしい顔をしていたけれど、どんな人なんですか?」

すると司会者は、

「ああ、先生、あの人は耳が全然きこえないのです」

ハワイ島のコナでの講演会が終って、ホノルルの教化部に帰り、一週間ほど経た日、コナから大中さんという三十代の婦人が訪ねてきた。彼女は歌が大変上手なのだ。私の歓迎会のときも、すばらしいのどを披露してくれた。

ハワイでは、日本語ののど自慢がはやっていた。大中さんは、いつも鐘三つで、ハワイ島の代表になっていた。各島の代表が集まって、最後にホノルルで決勝戦になる。大中さんは今回で三回目だというのである。大中さんは、これまでは、決勝で敗れているという。それで彼女は個人指導をたのみに来たのである。

「先生、なんとかして、優勝したいのですが、私のために祈って下さい」

　私は言いました。

「祈ってあげるのは結構ですよ。それで、あなたは、その決勝コンクールのとき、他の人が歌っているとき、どんな気持でそれを聴いていますか」

「先生、それは、もちろん、その人が失敗すればよいと思って聴いていますよ」

「それは生長の家の生き方ではないのですよ。生長の家では、相手が歌っているときに、相手を祝福するのです。相手が、その全力を出せるように、やさしく愛の心できいてあげるのです。あなたも、明日の決勝戦のときは、そういう神の愛の心できいて下さい」

　彼女は、はじめは分からないようであったが、やっと納得してくれた。

　翌日ののど自慢コンクールは教化部の近くにある日本劇場で開かれていた。私は彼女のために祈った。

　夕方彼女から電話が入った。

「先生！　優勝です。ありがとうございました。私は、先生の言われた通り、他の人が歌っているとき、その人を祝福する気持で聴いていました。そうしたら、こんどは私が歌うとき、全然上がりませんでした。とても平和な気持で、自分でもおどろくほどしっかり歌えました。そして優勝です。副賞として、こんど日本まで行けることになりました。ありがとうございました」

まことにも、敵はいないのであった。大中さんは競争相手を祝福したとき、自分の最高の能力が発揮され、優勝の栄冠を得たのであった。

太平洋の楽園といわれるハワイでは、今でも日本語によるのど自慢は行なわれているだろうか。

アメリカの心と、日本の心の両方を持ったハワイの方々は、その美しい自然のように美しい心を持ちつづけておられるようである。

忘れ得ぬ人――榎《えのき》さん

榎さんは日に焼けた肌の、骨太いつくりで、顔はつやつやしている。六十歳ぐらいの感じでとても八十歳とは思えなかった。

私が榎哲太朗さんとはじめて会ったのは、生長の家本部からハワイ州本部駐在講師を命ぜられて赴任した一九六五年(昭和四十年)のことである。

榎さんは当時、カウアイ島の講師会長であった。カウアイ島というところは、ガーデン・アイランドともいわれ、美しいハワイのうちで、とくに緑の多い、あまり文明開化の波をうけないようなのどかなところだった。

教化部のあるホノルルから、はじめてカウアイ島に巡講に行ったときである。地元の信徒の方々が大勢で歓迎会を開いてくれた。翌日講演会が終ったあと、講師会長の榎さんが、会場で、私を引きとめて言った。

「先生、私は生長の家のみ教えのお蔭ですばらしい体験をいただきました。先生、ぜひ聴いて下さい」

以下は、榎さんの体験談である。

数年前榎さんは、身体の調子がわるく、疲れやすく、尿の出る回数がやたらに多くなった。しかたがないので、病院に行って診察してもらった。しかし、カウアイ島には日本人の医者はいなくて、白人の医師にかかった。ところが、榎さんは日本からハワイに行って数十年になるのに、英語が満足に出来ない。そしてその医者はまた日本語がわからない。

医者は診断してダイヤベーティズ(糖尿病)だ、といった。しかし、榎さんにはその病名がわからない。

「ウオッチュー　ミーン?」(それ、どんな意味ですか?)

「ウェル……それは、ユウのシーシーからシュガーが出る病気だ」と医者は、おしっこをする身振りをして教えた。榎さんはシュガーという英語が砂糖だということは知っていた。榎さんは思った。〝なんだ、そんな病気か。おしっこから砂糖がでる病気か。どおりで。それじゃ砂糖を食べればいいんじゃないか〟

医者が薬をやる、というのを断って、榎さんは、

〝なるほどダイヤベーティズ、よくわかりました。センキュウバイバイ〟

榎さんは、家に帰る途中で、大きな砂糖袋を二つ買って車のトランクに入れた。

家に帰ってから、榎さんは、〝砂糖さえ食べればいいんだ〟と、コーヒーには砂糖を四杯も

五杯もかけ、また、御飯にも砂糖をかけて食べた。

効果はテキメンであった。翌日からぐんぐん元気になった。一ヵ月たって見違えるように元気になった榎さんは、念のために、またその医者に会った。医者は榎さんの尿の検査をして言った。

「おや、糖尿が全然でていない。完全に治っている。ところで、きみ、病院はここしかないはずなのに、あんたは、いったいどこへ行って治ったんだ?」

「砂糖をいっしょうけんめい食べた」と言う榎さんの言葉に医者は大きく眼をむいて絶句した。糖尿病で砂糖をとるのは、御承知のように医学的にはいちばんわるいのである。しかし、榎さんは〝砂糖を食べれば治る!〟と堅く信じていたのである。

この体験談を話し終って、榎さんは私を見てニッコリ笑った。

私は、感動したというよりは、あっけにとられた。これが講師会長である。講師会長といえば、日本では大抵知識人である。医学の常識などは持ち合わせているのが普通である。それなのに……というわけで、私は榎さんの顔をまじまじと見るよりほかなかった。

しかし、私はここに深い真理があるということを知った。

私たちは医学や科学の常識がありすぎるのではないか。ありすぎるために、これはいけない、こうしなければならない、と、自分自身を束縛している。自己限定する。そして、いちばんわるいことには恐怖心によって生命力をさまたげている。〝知らぬが仏〟というが、何も知らない榎さんは〝砂糖を食べれば、糖尿病は治る！〟と信じた。その信ずる力は、医学の法則を上まわった。なぜなら医学の法則というものは生命の働きの痕跡を法則化したものであり、生命というものは、その法則を法則にしている元のものではないか。だから、一見奇蹟と思われるものも、そこに高次元の生命の法則が働いているのではないか。

私はハワイに三年いて、日本に帰った。日本で、個人指導のとき、生半可な医学の知識があるために自分の病気が難病だと信じこんでいる人に会うと、ニコニコ笑っている榎さんの顔を思い出す。そして榎さんの体験談を話すのである。

榎さんは、その後ずっと元気だったが、やがて九十歳の天寿を完うされて昇天された。今でも天国でニコニコ笑っている榎さんの顔を私は忘れられないのである。

忘れ得ぬ人――堀川さん

ハワイでは、毎週土曜日午後一時から三時まで白鳩会員を対象に、私は講話を行なっていた。私は自分が本部講師として派遣されたからには地方講師とはちがった講話をしなければならない、と思っていた。それで自分でも分からないむずかしいテキストを選んだ。『無門關解釋』『維摩經解釋』(谷口雅春著、日本教文社)など、自分にもよく分からない本をテキストとして講話を行なった。

すると聴衆はよく居眠りをする。いちど数えてみたら、百人の出席者のうち、七十人が眠っていた。私はそれで時に気合をかけた。

〝イユ――〟

それで聴衆は目をさます。それでまた話をつづけた。こんなことをしていたある日、一人の老婆が私のところに会いにきた。

彼女はやせて顔中シワばかり。目だけがぎょろっと大きい。その顔は血の気もなかった。その彼女が私に言うのである。

「あのー、生長の家で私の病気治るでしょうか?」

私は言った。

「生長の家は病気を治すところじゃありませんよ。生長の家は、人間は神の子で本来健康である、という真理を説くところです。病気を治したかったら病院に行きなさい」

しかし、そうは言ったものの私は気の毒になって、彼女に訊《き》いた。

「一体どこがわるいのですか?」

すると彼女は答えた。

「わたし、十年間眠ったことないんです」

おどろいてよく聞いてみると、彼女は、神経痛とリューマチで身体中が痛む。そのため眠ろうと思っても眠れない。とうとう不眠症になってしまったという。そしていろいろ病院に行ってもよくならなかった。聞くところによると生長の家に来ると病気が治るという。それでやってきたというのである。つまりは個人指導である。

私は個人指導というのがニガ手であった。大体個人指導を受けに来る人は、言うところがおかしい。支離滅裂である。何を言っているのかわからないことをいう人が多いのである。

それで私は彼女に訊いた。

「あんたは日本語の本が読めますか?」

それというのは、ハワイの日系人は、日本語は話せる人が多い。それは父や母が日本語を話すのを聞いて小さいうちからおぼえたからである。しかし、日本語の本を読めない人が多いのである。

すると彼女は答えた。

「ハイ、私は日本語の本が読めます。だって私は日本で生まれ、女学校を出てからハワイに来ましたから……」

「そうですか。それはよかった。『生命の實相』の本を読みなさい。これはあんたにいちばんいい本だ。私なんかこれを読むとすぐ眠る……」

「わかりました」

こうして彼女は『生命の實相』の第1巻を買って帰っていった。

私は思った。〝これで一丁あがり。この人が治るか治らないかは『生命の實相』の責任である。私の責任ではない……〟とんでもない本部講師もいたものである。

このことがあって一週間ほどあとで、中年の女性が私を訪ねてきた。

「堀川でございます」

堀川さんといえばあのお婆さんと同姓である。それで私は訊いた。

「この前個人指導受けにきたのはあなたのお母さんですか?」

「いいえ、あれは私です……」

「だって全然似ていないじゃないですか」

「でも私なんです」

どう見ても別人である。

そこで私は彼女にくわしく話すように促した。

その日彼女は家に帰ろうとしてバスに乗った。すると眠くて眠くてしょうがない。家がワイキキというバスの終点にある。彼女は半分眠ったようにフラフラとして家にたどり着いた。そしてそのまま眠ってしまった。

夕方四時頃眠りはじめ、その夜も目がさめない。次の日も一日眠った。そしてその夜も。実に彼女は六十時間眠ったというのである。彼女には娘さんが三人いたが、彼女たちも〝今まで母さんは寝れない、と言っていたのだから、そっとしておきましょう〟というわけで、そのまま彼女は眠りつづけたのである。眠っているうちに、顔のしわがとれ、頬っぺたがほんのり色づき、眼が細い、普通の顔になった。

目をさましたとき、彼女のどこにも病気はなかった。彼女は飛びあがってよろこんだ。

「アッ、どこも痛くない。治った！　治った！」

彼女は身体中をさわったが、神経痛とリューマチの痛みは消えていた。彼女は健康であることのよろこびを実感した。実に十年ぶりである。彼女ははじめ七十歳以上に見えたが、実は三十九歳であった……。

目を覚ました彼女は、『生命の實相』を手にしっかり握りしめていたのである。

彼女が癒されたのは実に『生命の實相』によってである。それほど『生命の實相』は効くのである。

それと同時にこの堀川さんは、その後白鳩会の幹部としてハワイの生長の家に献身して下さった。こういう人は、本人が真理を悟らなくても、高級霊の御愛念をいただいて病気が消えることがあると教えられている。生長の家は高級霊界からの人類救済の大運動である。この運動に役立つ人は、本人が真理を知らなくても前以《まえも》ってお蔭をいただくことがある。

しかし、大切なのは癒されたあとの心構えである。病気は悪業のあらわれであり、その自壊過程である。病気をして苦しんでいるのを見て気のどくに思い、高級霊がちょっとそのお荷物を持ってくれる。そして元気になったあとで、高級霊は、「よかった」と、またそのお荷物を返してくれる。すると、また、病気がでてくるのである。

谷口雅春先生は、業を消し病を癒す道は、大別して二つあると言われた。一つは実相世界に超入すること。この実相世界は病気もなく因果律からくる悪業もない世界である。そこに超入すれば、悪因縁からくる病気は完全に消えてしまう。もう一つは愛行をすることである。自分の病気の原因は何か？　と考えるよりも、この〝借金〟を払うことである。それは他人に愛を与え、深切を行ずることである。こうしているうちに知らず識らずのうちに悪業は消え、もう病気は完全に治って再発することはないのである。

私は生長の家にふれて肺結核から立ち上がった。私の弟も妹も治った。わが家は空襲にも焼けなかった。しかし、それは私の悟りの結果ではなかった。その後わかったように私はまだ迷っていたのである。しかし、神様は、お蔭を下さった。それは私がその後本部講師として神様の仕事をすることへのボーナスの先払いのようなものであった。悟らなくてもおカゲをいただくことがあるのである。大切なことは真心をもってこのすばらしい人類光明化運動に挺身《ていしん》することである。堀川さんの体験で、私はこうした真理を知ったのである。

ブラックソンさんの通訳になる

出会い

それは一九七五年（昭和五十年）の三月のこと。当時私は教化部長として沖縄に駐在していた。教化部道場で早朝行事が終ったとき、生長の家本部理事長から電話があった。それは次のようなものだった。

「渋谷君、君の沖縄滞在はもう三年あることになっていたが、こんどアフリカからブラックソンという方が谷口雅春先生を訪ねられる。そして各地で講演会が行なわれる。そのため国際局の仕事が忙しくなる。きのう先生から御指示があって、『君は通訳の仕事があるからすぐ本部に帰れ』ということになった」

こういうわけで私は東京に戻ることになった。

私がブラックソンさんにはじめて会ったのは生長の家本部練成道場（飛田給）の貴賓室においてであった。夕方四時頃、いるはずの彼がいない。しかし、白い歯で、彼のいることがわかった。

色のことなどはどうでもいいが、彼は名前の示すように真黒だった。その彼が私にむかって何か喋りはじめた。しかし、全然わからない。なんといっても彼の英語はアフリカの英語である。たいへんなまりがある。私の習った英語では歯が立たない。私は途方にくれた。どのようにして私は彼の話を通訳しようか？

しかし、私は思った。もしこの男が本当に谷口雅春先生から真理を直接指導されているなら、「人間は神の子」と言うにちがいない。それで、わからなくなったら「人間は神の子である」と大きな声で通訳すればよいだろう。こんなふうに私は腹をくくった。

彼の講演会は各地で大好評だった。私は大きな声で「人間は神の子である」と、通訳した。ブラックソンは、

「私は谷口雅春先生がおっしゃることに、なんでもハイと従います。先生が飛行機から飛びおりろといったら飛びおります」

こう言って彼は演壇から飛び降りた。そして聴衆の前を走って、反対側から演壇に戻ってきた。私も彼がやった通り、演壇から飛び降りた。

これは大成功であった。講演が終ると、多くの人が私のところにやってきて、

「渋谷先生、すばらしい通訳でした」

それで私は質問する。

「あんな英語が分かるの？」

すると、

「いいえ、私英語さっぱりわからないのです」

「それでどうして私の通訳がいいかわるいかわかるの?」

こう訊《き》くと、

「だって先生は大きな声で、〝人間は神の子〟と言ったでしょう」

私が、「そりゃ、言ったことは言ったけれどね」と言うと、人々は、

「それでは先生、あの通訳、みんな嘘ですか?」

ところがふしぎなことが起った。壇上に立って彼の言うことを聞くと、完全によくわかった。だから私の通訳はウソではなかった。やはり神様の仕事をするときには、自分の平素以上の力がでる、ということを私は実感せざるを得なかった。

講話のなかで彼は大きな声で、「人間は神の子である」と叫んだ。

私が、あとで、「どうしてあんたはそんなに大きな声で〝人間神の子〟を言うのですか?」ときくと、彼は答えた。

「アフリカでは、こんな立派な建物の中で講話をするわけじゃない。野原で、五千人もの人に話をするから、どうしても大きな声になる……。そして〝人間神の子〟ということは、本当にすばらしいことなんだ。私はもっと大きな声で話したかった。しかし、それでは窓ガラスが割れてしまう……」

彼は笑いながらこう言った。

ブラックソンさんがはじめて谷口雅春先生にお目にかかったのは、生長の家本部の総裁室においてであった。ブラックソンさんはソファに坐られた先生に膝まずき、こう言った。

「先生、私をアフリカに派遣して下さいましてありがとうございます。私はいま帰って参りました」

この言葉をきいて、そこに居た理事の人々はおどろかれたようだった。何故といって、ブラックソンさんは谷口雅春先生に派遣されてアフリカに行ったわけではなく、アフリカで生まれた彼が、生まれてはじめて日本に来て、いま谷口雅春先生にお目にかかったのである。

しかし、たしかにブラックソンさんはそう言ったのである。通訳は日系アメリカ人のポール・菊本氏。私もその場に列席していたが、ブラックソンさんは、たしかにそう言った。それはブラックソンの自覚を表現したものだった。

「私がアフリカに生まれたのは偶然ではない。この唯神実相の真理をアフリカで宣布せよ、という谷口雅春先生の命令に従ってアフリカに生まれ、ある程度その使命を果たし、きょうはその中間報告をするために来日して、魂の父である谷口雅春先生にお目にかかった」

こういう思いを、彼は言ったのである。

夢の中の聖者

私はブラックソンさんと一緒に日本の各地に行き、いろいろ彼の体験を聞くことになった。彼は当時三十九歳。七歳のとき、夢をみた。

眠りにつくと間もなく、夢のなかにとつぜん光かがやく人が現われてきた。部屋の中が急に明るくなるようで、その人は——神様か、天使か、聖者か——ブラックソンにニッコリ微笑みかけて、

「今こそ私がおまえに現われる時が来たのだ。おまえには大変な使命がある。学校へ行きなさい。そして勉強しなさい。愛するわが子よ」

と言われた。

その人のやさしい微笑みは、頑固だった彼の心を開き、次の日から彼の全人生は変わってしまった。

「母ちゃん、ぼく、きょう学校に行くよ。自分で歯もみがくよ。本当に勉強するよ」

この日まで学校に行くと言っては裏山に遊びに行き、それが父親にバレてせっかんされた。その日も耳を引っぱられた。その夜彼は夕食も食べないで泣きながら寝た。そんな彼に、そのふしぎな人が現われたのである。

この夢の聖者は、それから何度も何度も夢に現われ、人を愛すること、両親の言いつけをよ

くきいて勉強すること、そして、何よりも人間は神の子であって、神の持ちたまうすばらしい力を持つものだ、ということを教えてくれた。

この聖者が、後で谷口雅春先生だということがわかったのである。

彼はロンドンの大学で、神学と法学と哲学を学んだ。しかし勉強すればするほど、学校で習っていることと、夢の中で直接習うこととはちがう。そして夢の中の聖者の言葉こそ正しい。こういうことを確信して、彼はこの教えを人々に伝えはじめたのである。

「人間は神の子である」肉体はない。あるものは実相のすばらしさだけである。こういう真理を彼は説きはじめた。野原で、多くの人々に向かって彼は叫んだ。人間は神の子だ、と。

彼のコトバを聞く者のなかから、奇蹟が起った。担架で運ばれてきた人が、帰りは元気になって歩いて帰った……。目の見えない人が目があいた。こういった出来事が起るにつれ、多くの人々が彼のコトバに耳をかすようになった。彼の言うところによれば当時三万人の人々が、この唯神実相の真理を知るようになったという。

しかし、ブラックソンさんは、自分を導いてくれた魂のお父さんを本当に知りたいと思った。それで彼はエジプトやインドなど、古い宗教の本山のあるところを訪ね、古代の聖者や導師たちの写真や絵画などを見て、魂の父を探した。しかし、徒労であった。彼は、だが、伝道だけは精力的につづけた。

ある日、ガーナの首都であるアクラの街を彼は歩いていた。そのときふと、彼は本屋に入りたいと思って入口の扉を押した。すると彼の手は何気なく一冊の本を手にしたのである。それは『日本の奇蹟の人』という本である。この本は生長の家名誉講師の称号を与えられたアメリカの光明思想家ロイ・ユージン・デーヴィス氏の書いたものだった。

ブラックソンさんがその本を開くと、なんと三十年前から彼を導いて下さった魂のお父さんの写真があるではないか。谷口雅春先生！　先生は地上に生きておられた。日本人として。

「ああお父さん、とうとう私はお父さんに会うことができました。お父さんは三十年間私を導いて下さいました。そして人間は神の子である、という真理を教えてくれました。ありがとうございます。私はお父さんにお会いしたい！　ぜひ私を日本に呼んで先生にお目にかからせて下さい！」

こうして彼は代金を払うのも忘れてその本を持ち帰り一晩で読んで、先生宛に前記のような手紙を書いた。

そして念願叶って彼は谷口雅春先生にお目にかかることができた。

ブラックソンさんは講演のなかで次のようなことを話した。ある日夢に現われた先生は、片手に角砂糖を持ち、もう一方の手で水の入ったコップを持ってあらわれた。そして先生は、

「プリンス(ブラックソンの名前はプリンス・J・ブラックソンである)、この角砂糖に触ってごらん。角砂糖は硬いと思うかね」

と言った。角砂糖は硬いと思うかね」

「ハイ、硬いです」

すると先生は角砂糖を水のなかに入れた。ちょっとゆすると角砂糖は溶けてなくなった。そして先生は言った。

「そら、溶けてなくなってしまったろう。この硬い角砂糖は、悩みや病気や不幸もある〝現象〟というものなんだ。しかし、その硬い現象にひっかからずに、〝実相〟の水の中に入れてしまえば、ごらん、みんななくなってしまった。そしてあるものは神様の愛にみたされた甘い甘い水だけだよ」

こうして先生は、その水を飲んでみせ、不完全な現象にひっかからずに神様に全托すると、わるいものは一切消えてしまう、という真理を分かりやすく説いてくれたのである。

きょう食べるもの何んにもないんですけど……

谷口雅春先生の御指導はすべて夢の中においてであった。ブラックソンさんは先生の言葉をすべて「ハイ」ときいて実行した。先生の言うことは本当に間違いがなかった。

あるとき先生はブラックソンさんに、

「イギリスのロンドンへ行きなさい」

と言った。ブラックソンさんはそれに従った。自分がアフリカに不在中、仕事を代理させる人を選び、渡航の準備をした。しかし、先生の命令は夢の中の指導で、イギリスへ行く渡航費などは当然ないのであった。しかしブラックソンさんは谷口先生は必ず必要なものは下さる、ということをそれまでの経験から知っていた。

予定していた渡航の日の二週間前、ある人がブラックソンさんに言った。

「ロンドンに行く切符が余っているんですが、要《い》りませんか？」

それでブラックソンさんは〝ありがとうございます〟と、その切符をもらってイギリスに行ったのである。このような体験はしばしばあったので、彼は、神様の無限供給をかたく信じていた。

ブラックソンさんの生活は、個人指導の結果救われた人の謝礼などによるのであった。謝礼だからいただくことも、そうでないこともあった。

ある日、奥さんがブラックソンさんに言った。

「きょう食べるもの何んにもないんですけど……」

するとブラックソンさんは、すこしもあわてず、

「皿だけ並べなさい」

こうして食卓に空の皿を並べてお祈りをした。〝神様ありがとうございます。いつも無限供給をいただいて感謝しております。〟こうして彼は神への感謝の祈りを行なった。

「私は心配しません。なぜなら神様は私に必要なものは何でもくださいます……」

三十分の神想観が終ったとき、玄関を叩く者がいた。それは、個人指導で救われた人たちが

数名、たくさんの野菜や果物を持ってきてくれたのである。

貧しい青年が豊かに……

ある日、一人の青年がブラックソンさんの個人指導を受けにやってきた。

「私はゆたかになりたいんですが、どうしたらいいでしょう」

ブラックソンさんは言った。

「財布を出してみせなさい」

お金は五ドルしかなかった。ブラックソンさんは言った。

「このお金を全部愛行に使いなさい。そこにコカ・コーラの自動販売機がある。コカ・コーラは一ドルだから、五本取ることができる。それを全部、のどがかわいている人に差し上げなさい」

青年は言葉に従った。自動販売機から、五本のコカ・コーラを取り、その販売機のそばにあるホテルに入っていった。そしてロビーで憩《やす》んでいる人にコカ・コーラをただであげたのである。

五人目の人は白人の老人だった。彼はこう言った。

「コカ・コーラか、ありがとう。コカ・コーラは世界中どこにでもあるんだな。私はこれが好きでね」

こう言いながら、ふと彼はその青年の顔を見て、

「君は大変深切な人だな。ところで君はいま働いているのかね」

青年は答えた。

「いいえ、私は今失業中です」

すると、その老人は、

「そうか、もしよかったら私の会社で働いてくれないか。私の会社は、ホラ、あそこのビルの十二階だ。来週の月曜から来てくれないか。それにしてもきみの服はきたないね」

こう言いながら老人はズボンのポケットから百ドル紙幣を三枚出して、

「これで背広を買って着て来なさい」

こうして、この貧しい青年は職を得たのである。ブラックソンさんは、この講話を次のように締めくくった。

「この青年は、のちに私が生長の家の中学校を建てるとき、一人で土地をすべてただで寄附してくれました。それほどゆたかになったのです」

この話は、コカ・コーラを他人に与えれば金持になれる、という話ではない。ブラックソンさんはその青年のために祈っていた、その祈りが叶えられたのである。ここには「与えれば与えられる」という法則が働いている。それは日本でも、アフリカでも、アメリカでも当てはまるのである。

神に約束された結婚

ブラックソンさんは、日本ですばらしい花嫁さんを得た。それには、神様からの約束があった。

谷口清超先生がガーナに行かれたとき、ブラックソンさんは、日本人の奥さんがほしいと言った。ブラックソンさんは、まえに奥さんを亡くし、子供さんと暮していた。ブラックソンさんが希望する花嫁は、人類光明化運動を、夫と一緒になって励むような人というのだった。谷口清超先生は、このことを新潟の御講習会のとき話された。聴衆の中にいた清水純子さんは、〝私こそ、それにふさわしい半身だ〟と感じ、その想いをブラックソンさんに手紙で書いた。

一方ブラックソンさんは、ある日、夢の中で、谷口雅春先生があらわれ、〝今日は、おまえの奥さんになる人が来る〟と言われ、どんな人か、と待っていた。しかし、訪問者はなく、夕方になると手紙が来た。ブラックソンさんは大変忙しく活躍していたので、毎日沢山の手紙が来る。その日も、多くの手紙が来たが、そのうちの一つの手紙に手をふれると急に、ビリッと感じたものがあった。〝この人だ〟と感じたのである。その手紙が、純子さんの手紙だった。

日本に来たブラックソンさんは純子さんと会った。まったく理想的な半身だった。ブラックソンさんは、純子さんに会う前から、夢で純子さんに会っていた。

宇治別格本山で、ブラックソンさんと純子さんのために、神式の着物を贈呈することになっていた。純子さんの着物のために、ブラックソンさんに純子さんのサイズを電話で聞いて下さい、といわれると、ブラックソンさんは、「聞かなくてもわかる」と言って、その純子さんの、ウエストやバスト、ヒップの寸法を即座に言った。あとで、純子さんが宇治に来たが、寸法はピッタリだった。ブラックソンさんは夢で水着姿の純子さんを見たというのである。だから夢の記憶で彼女のサイズを言いあてた。

こうして似合いの二人は、神様に祝福されて、六月二十一日、生長の家本部練成道場において、徳久克己《とくひさかつみ》先生御夫妻の御媒酌《ばいしやく》で、めでたく結婚式を挙げたのであった。式典は和田秀雄宇治別格本山宮司《ぐうじ》の司式で、生長の家式で行なわれた。いま、お二人は一緒になって光明化運動に尽しておられる。

その後のブラックソンさん

ブラックソンさんの夢の中に谷口雅春先生があらわれて、

「すぐガーナを去ってロンドンに行きなさい」

と言われた。ブラックソンさんはすぐそれに従った。当時ガーナで政変があったのである。クーデターで、アチャンポン大統領が暗殺されたのは、彼がロンドンに行った数日後のことであった。ブラックソンさんはこの大統領と親友であったから、もしブラックソンさんがもう数日ガーナにいたら大変なことが起ったと思われる。

一九八五年（昭和六十年）、私がヨーロッパに行ったときロンドンで私はブラックソンさんに会った。彼はベサニー教会という名のキリスト教会を主宰していた。午前十時ごろ訪問したその教会には信徒がいっぱいだった。ブラックソンさんは私に言った。

「この教会はロンドンで一番活動的な教会としてBBC放送がテレビで放映してくれました。ロンドンにはアフリカから来た多くの人がおります。こういう人々はたくさん問題をかかえています。しかし個人指導によって解決されない問題はありません。奇蹟が起るのです。……谷口雅春先生は今でも私に現われます。そして真理を啓示してくれます……」

演壇にはアフリカの民族衣装を着た、美しい純子さんが微笑んでおられた。ブラックソンさんと純子さんの間の中学生の男の子もそこにいた。

ブラックソンさんは私に言った。

「すべては神様と谷口雅春先生のおかげです。私は何ヵ月かアフリカをまわり、残りはロンドンです。渋谷先生、どうか私たちのために祈って下さい。私も生長の家の発展のため祈っております」

このブラックソンさんの訪日は、多くの生長の家の信徒さんたちを元気づけた。何よりも谷口雅春先生が、肉体は日本におられても霊としてアフリカにおいて〝人間神の子〟の真理を説かれたことは、世界の宗教史上特筆されるべき奇蹟である。「人間は肉体にあらず霊なり」という真理を先生は示されたのである。私自身はといえば、ブラックソンさんの講演の通訳を通して、人間は肉体ではない、という真理を目のあたりにしたのである。

私と蘭の花とどちらを愛しているの？

話は再びハワイ時代にさかのぼる。ハワイは太平洋の楽園だといわれている。私がハワイに行った頃は、本当にそうであった。人々が優しい心をもって、いたわりあっていた。それをアロハ・スピリットとか、ハワイアン・ホスピタリティとか言っていた。

前にも述べた通り、私は一九六五年（昭和四十年）から三年間、ハワイ駐在本部講師としてオアフ島に暮らすことになった。はじめの一年は単身赴任で、のち家内が来て一緒に生活することになった。

当時はハワイの生活水準は、日本と比べてだいぶ高かったようである。一ドル三六〇円であったが、昼食に、小さいステーキ定食を食べると一ドル五〇セントだったが、日本の円の感覚からいうと一〇〇〇円ぐらいに当った。道路が整備されていて、車もやたらに多くはなく、女性ドライバーには男性は道をゆずったりした。日本のわれ先に走る車の混雑と比べると、優雅で心あたたまる車の運転で、さすがに太平洋の楽園だ、と思った。

ある日、白鳩会連合会長といっしょに家庭訪問をした帰り、食事をしに日本レストランに寄った。

そこの店の女主人に、白鳩会長が言った。

「この方が、日本から来た生長の家の渋谷先生です」

私ははじめて会った女主人にあいさつした。彼女は、

「日本から来られた生長の家の渋谷先生ですか。それではきょうの食事の代金は要りません。無料にしますからどうぞ何でも召し上がって下さい」

私は、この女主人が生長の家の信徒さんだと思った。

「どうもそんなにサービスしていただいて恐縮ですね」

ところで、白鳩会長に聞いてみると、この女主人は、生長の家とは何のかかわりもない方だという。ただ彼女は、どんな宗教でも、その宗教の先生に深切をつくすとゆたかになれる、ということを信じているのだ、という。私は冗談で、白鳩会長に言った。

「それはすばらしい信仰ですネ。世界中に普及したいですネ」

その女主人はお坊さんにお布施するといったセンスで無料サービスをしてくれたのだった。そういった宗派にとらわれないやさしい愛の心が、ハワイの人々に息づいていた。

ある日、教化部で早朝行事が終ったあとのこと。だいたいハワイでは、朝が涼しいので人が

集まりやすく、早朝行事には一〇〇人以上が参加した。朝の行事が終ると、人によっては、教化部でパンとコーヒーで朝食を済まし、会社に出勤した。

私は教化部の隣にある、生長の家がオーナーになっているアパートに住んでいた。そして私は毎朝早く教化部の鍵を開けて皆さんを迎えていた。早朝行事が終ると、教化部で働く人が来るまで一応鍵をかけておく。だから用事のある信徒さんはアパートの方に訪ねてきた。

その日は朝食を食べていたら、一人の白鳩会員の方が訪ねてきて、

「先生、これさしあげます」

という。何かと思うと靴下だった。

そのあと、また一人が訪ねてきて、靴下をプレゼントしてくれた。

私はふしぎに思って、ふと自分の足を見た。すると靴下が破れていたのだ。気がつかず早朝行事で壇上に坐っていた私の靴下から足が見えたわけで、さっそく靴下を買ってきてくれたのだった。それにしても深切な人々だと感謝したことであった。

こんな楽園にも、なやみがないわけではない。おもに人間関係の問題である。夫婦や親子の葛藤などである。

ある日、永田夫人(仮名・三十五歳位)が私を訪ねてきた。なやみというのはご主人のことであった。

このご主人は、会社から帰ってくると、カバンを玄関に置くなり、すぐ温室に入ってしまう。温室では二〇〇鉢以上の蘭を栽培していた。奥さんはご主人が蘭の手入れを終って夕食をたべに来るのをいつも待っているが、時には二時間も三時間も温室から出てこない。あたためた料理が冷たくなってしまう。なんとか、夕食を済ましてから温室に入ってほしいのだが、奥さんが何度たのんでも言うことを聴いてくれない。

「まるで私より蘭の花の方を愛しているのです。私はしゃくにさわって、蘭の花を見るのもいやです。植木鉢をみんな壊してしまいたいくらいです」

永田夫人は、自分は正しく、悪いのは主人だ、といった調子でご主人を非難するのだった。たしかに、奥さんとご主人をくらべれば、悪いのはご主人の方だろう。しかし、家庭のトラブルは善・悪だけでは解決しない。やはり夫婦間の〝愛〟が解決の鍵になる。

私は永田夫人といっしょに祈った。それは〝和解の神想観〟である。

ご主人が奥さんにむかってニコニコ笑っている姿を心に描いて、

「私はあなたを赦しました。あなたも私を赦しました……。あなたと私とは神において一体でございます」ではじまる、よく知られたあの祈りを行なったのであった。

神想観が終って、奥さんが言った。

「はじめのうちは主人がニコニコ笑っている顔なんか思い浮かばなかったんですが、先生が言ったように、主人は、別に浮気しているわけでもないし、ただ蘭の花が好きなだけだ。やっぱり考えてみると、主人は心やさしいひとなんだ……こんなように思えてきました。そして、ほんとに主人が私にニコニコ笑いかけている姿が目に見えるようでした」

ハワイの蘭の花はたいへん美しい。オーキッドといって、花の女王ともいうべき高価なもので、たくさんの人が栽培していた。私は奥さんに言った。

「ご主人もそんな美しい花をつくっておられるのだから、心やさしい人ですよ。そんな人と結婚しているあなたは、幸福だと思わねばなりません」

この私が言った言葉が、彼女の心に深く残ったようだった。数日たって、永田夫人がふたたび教化部を訪ねてきた。

「先生！　おかげ様で解決しました……」

彼女の頬はよろこびいっぱいだった。彼女の言ったことを要約すると次のようだった。

祈りが終って家に帰ったら、温室に入ってみたくなった。これまでは〝うらみ重なるオーキッド！〟というわけで、温室から遠ざかっていた。

温室に入ってみると、よごれている。あっちこっちにタバコの吸い殻やゴミが捨ててあって、灰皿にも吸い殻がいっぱいだった。ごく自然に彼女は温室を掃除した。一時間以上かかって、見違えるようにきれいになった。

「よかったわ。これで主人もきれいなところで花のお世話ができるわ」

ところが、その日の夕方。ご主人はいつものように家に帰ると、すぐ温室に入った。しかし、

三十分もすると温室からでてきて、

「おなかすいたよ。食事にして。キミが温室を掃除してくれたのかい。ありがとう。これまで迷惑をかけてわるかったね。これからは、さきに食事をしてから花の世話をするよ……」

ほんとうに久しぶりに明るいご主人の顔であった。

それからは、お二人は新婚当時のように仲よくなった、というのである。

美しい蘭の花をめぐるハワイらしいエピソードだと思った。やはり、相手の姿は、こちらの〝心の影〟であった。そしてここでも、愛はすべてを解決してくれるものだった。

谷口雅春先生に学ぶ——自由について——

谷口雅春先生の握手

私がハワイにいたときのこと。ある信徒がこんなことを言った。

「谷口雅春先生がハワイに来られたとき、先生に握手してもらいました。谷口先生の握手は、ほかの人の握手とはちがうんです。先生の御講話が終って、先生がお帰りになられるとき、私たちは、ホールの出口に並んで、先生に握手していただきました。

それはそれはやわらかいお手でしたが、私が感動したのは、先生の握手が、ほかならぬこの私にむけて握手して下さった、ということがありありとわかったからです。

これはたいへん表現しにくいことですが、その感じは、たとえば、アメリカの政治家の握手などとはまったくちがうのです。政治家の握手の場合は、相手の一人一人は勘定に入っていない、というか、どうでもいいのです。ただ何人目、何人目というような感じで、このほかならぬ私にむけて握手して下さった、という実感がしないのです。

ところが谷口先生は、私をじっとごらんになって、手を差し出されました。先生は、私以外の誰でもない、この私に握手して下さったのです。多くの人々が会場にいましたが、先生が私に握手して下さった瞬間、そこには先生と、この私しかいなかったのです。

私は、〝人間・神の子の真理〟というものは、こんなところにあったのだ！　と思いました。なんと言いますか、先生の握手は、先生が握手するというより、私を何か非常に貴重なもの、尊いもの、かけがえのないものとして遇して下さったのです。ものすごく熱いものが私の胸に溢れました。大変な感動でした」

たった一度の握手で、こんなに感動したこの方の感受性も並々ならぬものがあると思うが、そうした谷口雅春先生の握手は、まったく神秘的としか言いようがない。

神秘といえば、私が私であるということがじつは大変な神秘である。あるとき、電車に乗っていて私は感じた。それは、どの人もどの人もみんなかけがえのない〝わたし〟を持っているんだ、と。そのとき、ハッとしたことを今でもおぼえている。

私たちは、他人について、男や女とか、職業、性格などをいくら色々知っても、私が向き合っている当の相手にはならないのである。

いのちを拝む

愛とは、かけがえない相手と向き合うことではないか。こういった意味で、私たちは〝愛する〟生き方を人に対してやっているだろうか。いつも相手を、〝交換することができるもの〟として取扱っているのが普通である。それはちょうど電気製品の部品に接するみたいなものである。ある部品がうまく行かなければ、そのパーツを取りかえればいいわけである。私たちは他人を、こうしたパーツとして取扱っていはしないか。他人に対するこうした取り扱い方こそ、唯物論と言われる生き方である。それは人を道具として、生命のない物質として扱うからである。

　ある人が、子供を亡くして悲しんでいた。すると、友人が、なぐさめ顔で言った。

「あなたは、一人の子供さんを亡くされたが、まだ三人子供さんが残っているから……」

　すると、この子供を亡くした人は、

「とんでもないことを言わないでください。私は、あの子を亡くしたんです。それは、ほかの子供とは何の関係もありません」

　ほんとうに子供を愛している人なら当然のことである。

　かけがえのないことを通して、ほんとうに在るものが、あらわれてくる。

　谷口雅春先生は『幸福の哲学』のなかで、こうした事柄について書いておられる。

《桜の花が一輪、そこに咲き出でていると云うことは、そこにいのちが咲き出でていると云うことです。それは、絶対価値であり、そのままで貫く、そのままで価値があるのでございます。いのちが咲き出でていると云うこと、そのことが既に絶対価値なのです。それは効用価値の

問題ではありません。》(一七頁)

谷口雅春先生の握手は、私たち一人一人の、絶対価値に向き合って下さった握手だったのではないか。そしてそのことが、私たちを神の子として拝んで下さったことなのである。

生長の家では、自由の根源は実相世界にある、という。そして実相世界こそが、真・善・美の価値の世界だ、という。そうすると、私たちの自由というものも、かけがえのないものに向き合うこと、そして同時に、かけがえのない自分をあらわすことのなかにあるのである。

ふつう、自由とは可能性の問題、つまり、あれも、これも、という選択肢の多いことが自由だと考えられている。しかし、本当の自由とは、真・善・美の価値を実現すること、為《な》すべきことを為すことなのではないか。それらの価値——絶対価値を現象世界において実現するとき、私たちは、心の底から自分は自由だ、と感ずることができる。だから、谷口雅春先生が一人一人に心をこめて握手して下さったことは、私たちに自由というもののほんとうの意味を教えて下さったことになるのである。

谷口雅春先生の御日常

以前、生長の家の理事長の山口悌治《やすはる》先生は、若い時、谷口雅春先生のお宅で仕事の手伝いをしていた。当時の谷口雅春先生について、こんなエピソードを語ってくれた。

「谷口雅春先生は、午前中いっぱい個人指導の御返事などを書かれ、昼の十二時になると昼食をとられます。私も御相伴《しょうばん》をさせていただきました。先生はジョークを言われ、愉快に食事をされます。食後はくつろがれました。しかし、午後一時になると、それまでどんな楽しい話をしていても、すっと立って仕事の机に向かわれます。

そこがわれわれ凡人とちがうところです。われわれでしたら、楽しい話に、つい夢中になって、気がついたら午後三時になっていた、というようになりかねません。また、谷口雅春先生は、勝手な時にお茶を飲まれるということはありません。午後三時に一回だけ飲まれます。……」

山口先生の話をきいて私は〝谷口雅春先生はずいぶん不自由な生活をしておられるのだな〟と思った。私はまだ勝手なことをするのが自由、という社会通念を捨てきれずにいた。

その後、私はハワイ駐在本部講師として、海外行きを命ぜられた。

ハワイに住んで二年半経ったとき、ハワイの幹部信徒たちが私に言った。

「渋谷先生、ハワイで、休みもとらずに長い間御指導下さってありがとうございます。先生に夏休みをさしあげます。夏休みと言うときこえがわるいから、東京で谷口先生のお膝元で勉強して来て下さい。一ヵ月経ったらお戻り下さい。航空券は、私共がそろえますから、ご本部にご迷惑はおかけしません。これがその嘆願書です」

私も、二年も休まなかったんだから、休暇はとれるだろう。谷口雅春先生は愛深いお方だから必ず許可して下さるだろうと思った。

ところがいつまで待っていても、許可は下りない。一ヵ月以上経って、本部渉外局(当時)から、「谷口先生から君に伝えるようにというメモをいただいた」と言って、次のようなことを伝えてきた。そのメモには《渋谷君が日本に帰りたかったら、本部講師をやめて帰ってきなさい。私は、日曜も、祭日も休んだことがない》と書いてあった。

私は、頭のてっぺんに針を刺されたようだった。そして、これが谷口雅春先生の生き方なのだ、と知ったのである。本部講師というものは、先生の生き方を学び、そして伝えるべき者である。私は、こんなことではいけない、と心の底から反省した。

それからずいぶん時間が経った。自由といえば、どこかで羽根を伸ばしてゆっくりする自由の魅力――からまだ十分に離れられない私だが、谷口先生の自分を律するきびしさ、それがそのまま先生の自由であったことを、思い返している。それは他から強制されるものではなく、先生が御自分に課された自由であられた。

これらの二つのエピソードは、性格がちがうようだが、やはり一つの真理からでていると思う。

『新版　真理』(第七巻、第三章「意識の拡大と魂の目覚め」の章)において、先生は《実在する宇宙は完全円満、光明無限(中略)自由無限である所の一大生命力によって支えられている世界》であり、《悟りがひらけますと、意識が拡大して自由になりますから、生活が自由になるのでありります。「真理は汝を自由ならしめん」とイエスが言われた所以であります》と述べておられる。

先生はそのまま真理を生きておられた。それが本当の自由なのだ、と先生は身をもって私たちに示して下さったのである。

第2章

光の讃歌

折々の記

エッセイ1

自然ということ

サクラメント市は、カリフォルニアの州庁のある美しい街である。私の泊ったホテルの向かいは大きな公園になっている。

時間をみつけて、朝、公園に行ってみた。バンクーバー、シアトル、ポートランドと、北部から旅をしてきた私には十一月のカリフォルニアは、まるで春のような暖かさだった。よく晴れた空を背景にして植物園のように種類の多い樹木が、朝日を浴びてきらめいていた。そこには植物たちのもの言わぬ静かさが心の汚れを浄めてくれるような感じであった。広い芝生にはほどよくベンチがおかれ、そこにぼんやりと憩《やす》んでいる何人かの人々がいた。

私は散歩しながら私のまわりの樹木をみると、どの幹にも金属の札がついていて、樹の名前が書かれてあった。インド産のもの、ヨーロッパのもの、各地からとりよせられた珍しい植物たちであった。

州庁へ抜ける道の両側には、サイプラスのような並木が正確に植えられていた。それらは、まるで散髪をした後のように、キチンと刈りあげられている。円錐型にととのえられたこの緑の連なりを見ているうちに、私は、ふと、言い知れぬ不安のようなものを感じた。〝いったい、これは本当の自然なのだろうか？〟

そう言えば、アメリカの公園は、よく行き届いた手入れがしてあり、それは、自然というよりは人工を感じさせるものであった。この公園でも、何人かの庭師が芝を刈っていた。たしかに、公園というのは、単なる自然ではない。いわば自然と人間とが対話する場のようなものであろう。しかし、そこでは、自然は、あまりに加工されすぎているのではないか。

私は、芭蕉の

山路《やまじ》来てなにやらゆかしすみれ草

という句を思いうかべていた。ここには、本当の自然があるのではないか。文明の手の届かないそのままの自然が。現代ッ子は、自然の美しさを見て、「まるでカラーテレビのように綺麗だ」と言ったという笑い話があるが、これは笑えない真実なのかも知れない。

アメリカ人は車に乗って走りながら自然を見る。自然は、眺められるだけのものになってきているのではないか。眺められる人間の視線を絶えず意識している自然。こんな自然があるのだろうか。

しずかさや岩にしみ入る蟬の声

これは、山形県の山寺で詠んだ芭蕉の句である。汗をたらして、夏の山路を登ってきた者でなければ、この句はわからないのではないか。文明は、住みやすい便利な世界をつくる。それはよいことだろう。しかし、すべてのものを「住み易さ」で見て行くとき、自然の呼びかけるささやかな声はきこえなくなるのではないか。

満足に公園もない日本にくらべて、アメリカの公園に不足をいうことはない。しかし、そういうものをふくめて、私は、ほんとうの自然というものが、アメリカにも、日本にもなくなって行っているのではないか、という疑問を感じながら、この美しい公園のベンチに、しばらく憩《やす》んでいた。

自然の美しさ

一九六八年(昭和四十三年)の三月、三年間のハワイ滞在を終えて日本に帰ったとき、まず心を打たれたのは、自然の美しさだった。

東郷神社の境内の樹木がその枝々に飴色の芽をいっぱいつけ、あるものは萌黄《もえぎ》色に嫩葉《わかば》を開かせはじめていた。ういういしい可憐さのうちに、なにか雄々しさを秘めたような、いのちのよろこびといったものに溢れた感じであった。

木々が葉を落とし、硬く自らを護っているような、冬という季節が、実はこの春にとって大切な期間だったように見える。だから、とつぜん春は歓声をあげる。若葉が陽光にきらめいているさまは、ちょうど小学校の教室で小さい子供たちが「ハイ先生! ハイ先生!」と掌《て》をあげているような可愛さを感ずる。

ハワイの自然が美しくないというのではない。行った当初は、その樹木が、まるで発光するような濃い緑でギラギラしているのが、これまたおそろしく青い空を背景に、炎のように伸び上がっている姿に、打たれた。野性の生命感というかほとんど動物に近い樹木たち。

ハワイでは、木の枝を切りとって、それを土に挿しておけば、すぐに根が生えあたらしい芽を出す植物が多い。移植しても立ち枯れになるということは、ほとんどないらしい。それらの樹木たちが、真赤な、真白な、あるいは真黄色な花をつける。アフリカンチューリップなどという樹は、高さが数メートルもあって、それがチューリップのような大きな花をいくつもつける。まさに豪華である。壮観である。どの樹々の花も、言い合わせたように強烈な原色である。烈《はげ》しい熱帯の太陽に対抗するように、あざやかな花がいっぱいである。

ハワイ滞在の一年ぐらいは、その美しさに見惚れていた。だが、そこには四季というものがない。年中、ほとんど変化はない。自然は若々しいが、なんとも表情にとぼしい。深みがない。見飽きてくる。そんな感じであった。

それが、日本の春にとつぜん出会った。桜が美しいなどとはついぞ本気で思ったことのなかった私だったが、久しぶりで見た桜の、ほんのりとした匂うような姿には、参った。本当に感動した。

比べて見ることが、こちらの見る目を新鮮にするのかもしれない。そういえばハワイの椰子《やし》やハイビスカス、プルメリヤなどの美しさが、また私にはひどくなつかしいものに思えてくるこの頃である。

緑の墓地

ホノルルの名所の一つにパンチボール国立記念墓地がある。昔の火山の噴火口のあとだという大きなすりばち形の盆地だが、ホノルル市の全体が見渡せるような高台になっている。ここからはホノルルの街、真珠湾、そして太平洋と、見晴らしはひろく、美しい。

墓地というと、われわれは大小さまざまの墓石が並んでいるのを連想するが、ここは、見る限りいちめんの緑の芝生で、そこに、タイルでもはめこんだように、白い正方形のしるしが、どれも正しい間隔をもってじつに整然と並んでいる。その数は一万数千、明るい緑の芝草を背景として幾何学模様を浮き立たせている。それは墓というよりは公園と言うにふさわしい。そしてこの拡がりのなかに緑の樹木が点在している。いくつかの樹木は、色あざやかな花をつけ、それがハワイ特有の、ふかいふかい青空と、くっきりした色の対比を見せている。

一万数千の墓が全部同じ大きさで、芝生の中に埋められ、その蓋が、正確な美しい図形をつくっているわけである。これは第二次大戦以来の戦死者と、その家族の墓地である。

同じホノルルで、あるとき私は日本人墓地をたずねてみた。そこには大小さまざまのよそおいをこらした墓石が立ち、それぞれが大きさと格式をきそっているように見えた。黒いみかげ石に金色に彫りこんだ文字や、なかには赤い塗料を埋めたような華やかな文字もまじっていた。そして大きな墓と墓のあいだに、はずかしそうに立っている小さい墓。死者たちの住居と呼ぶには、あまりに人間くさい風景であった。生きている時の財産や、家柄など、それをそのまま彼岸まで、持って行こうとするのか、あるいは子孫たちが親孝行のつもりでやっているのか。

私はこの二つの墓をこころの中でくらべてみた。兵隊の位階からくる差別などは全然ない——これが合理的というものなのだろうか——無性格の美しさと、あまりに此岸《しがん》くさく、ニョキニョキ生えている日本式の墓と、この違いはどこからくるのか。

もちろん、どちらがいいとは一概には言えないだろう。しかし、明るい青空の下、タイルのようなこの幾何学模様が並んでいるパンチボール公園で、つつましく、ひっそり憩《いこ》っている死者達のイメージは、異様に清潔なものに、私には思えた。

招き猫

（前略）

招き猫よ、私はきみの爪が好きだ
左の耳のところにもち上げ
私を招くように振っている

きみのまるまるとした手が好きだ
(時にはきみはじぶんの耳をひっかいたりする)
招き猫よ、きみは「サヨナラ」とは言わない
いつも
「どうぞいらっしゃい」と言っている
私は東京で一人ぽっちだ
だからきみが私を呼んでいるのを見ると
私は幸福な友だちを見つけたような気持になってしまう……(後略)

これは、イギリスの詩人、ジェイムズ・カーカップさんの詩の一節である。

カーカップさんは、当時東京女子大の教授で、詩人として、また散文家としても故国イギリスでも定評ある作家である。

日本が好きで、一度帰国してから、二、三年後にまた日本に戻り、こんどは永住するらしい様子である。

日本のことはわれわれ日本人がよく知っているつもりであるが、カーカップさんは、普通の日本人以上に、するどくそして暖かく日本を理解していた。理解というより、肌で日本という

ものを感じ、日本を愛しきっているようである。（かつて出版されたカーカップさんの著書『にっぽんの印象』は、週刊朝日、その他で取りあげられ、評判もよかったようである）

偶然のことで、ぼくはカーカップさんと、詩の翻訳を一緒にすることになったのだが、付きあえば付きあうほど、ぼくは、彼から日本というものを逆に教えられるのである。

住んでいる家も日本式で趣味のよい障子や襖《ふすま》、飾りつけの民芸品も、行きとどいた鑑賞眼を示している。

カーカップさんに言わせると、「東京はもはや日本ではない」そうで、東京を離れて、松江、金沢、横手、高知、熊本といったところへ行ってはじめて、「決して死ぬことのないまことの日本」があるのだそうである。そして、「日本の高まる物質主義」、それはアメリカやヨーロッパの社会の最も悪いものを無批判的に吸収したもので、「ぞっとするほど嫌い」だというのだ。ほんとうに、われわれ日本人は、近代化、近代化と、明治以来、舶来を追うことに忙しかったが、なにか大切なものを落としながら走りつづけている恰好である。

この詩、「招き猫」も、彼の大好きな、ひなびた、そしていつも明るい面を見ようとしている日本の庶民の願いのようなもの、それに彼が寄せる愛情が、彫り深く歌われているようである。

エッセイ2

日本人の心

ある年の夏、仕事で伊勢に行った私は、久しぶりに伊勢神宮に参拝した。

バスの終点には、団体で参詣《さんけい》する人々のバスがたくさん並んでいる。バスガイドに聞くと、一日に五万人以上の参拝者があるという。

日本は敗戦後、アメリカによる神道指令や憲法などによって、国家と神社が切りはなされ、伝統は断ち切られたはずである。それなのに、こうして多くの人が、何の強制にもよらずに参ってくるのはどうしたわけだろう。

五十鈴《いすず》川の水は、おどろくほど澄んでいて、鯉が群れていた。参道を登るにつれて、樹木の緑が心を洗っていく。樹齢千年を超えるような杉や檜《ひのき》や松がつくる日蔭には、涼しい風が渡っていた。

私は、参拝者のなかに若い人が多いのに、ふしぎな感じがした。しかも彼等は変わった恰好をしている。なかにはショート・パンツで、まるで海水浴客みたいなカップルもいる。私は、やれやれ、と思った。不謹慎《ふきんしん》である。だが、私は、もういちど思い直した。彼等は何故こんなに多くお伊勢参りをするのだろう。そこに深い仔細《しさい》はあるまい。〝ただ、なんとなく〟というのが多いのではないか。そして、こうした無意識から彼等を動かしているものは何なのだろう。

人類学者石田英一郎教授は、日本人の中核をなす性格(コア・パーソナリティー)は、十万年位以前に形成され、それが日本民族の無意識の心にずっと続いているという。とすれば、そうした無意識は、とほうもなく大きいものだろう。それは、われわれの、いわゆる善悪とか美醜以前の判断や行動の基準になるものではないか。そういうものに比べれば、世代による意識や行動の違い、――このごろの若者はどうだ――といったことは、ずっと派生的な、小さいことではないか、と私は思った。

そういえば正月の神社参拝は、たいへんな人出《ひとで》である。その中にはむろん若者も多い。ところで、あの正月のとき、明治神宮に参拝すると、きまって、キリスト教の一団が、鳥居の前にいて、〝死後裁きに合う〟とか〝にせものの神を拝むなかれ〟などというプラカードを持って、マイクで金切声《かなきりごえ》をあげている。私は、ちょうど一緒にいた親戚の若者に訊《き》いてみた。「あれ、どう思う?」すると、彼は、「不粋《ぶすい》で、場違いな感じですね」と言う。その通りだ、と思った。それは、イデオロギーに引きずられている姿であり、一般の日本人から見れば、すくなくとも美しくないのである。こうした感覚は、石田教授の日本人のコア・パーソナリティーにつながるものではあるまいか。つまり、日本人にとって、あの一群のクリスチャンの態度は、醜いもの、という点では、ほとんど皆、そう感ずるのではないか。だから、こうした運動をつづけるキリスト教は、信徒が日本中で今日まで百万人にならないという。こういう反応の仕方は、若者も、私のような熟年も差はないようである。こうした世代を越えて共通な日本人の心に、中心帰一の精神もあるのであろう。そうした心は、たくましく、つよく、すこやかなものであろう。それは変わっていく風俗やファッションの底にあって、自己同一している精神ということができるだろう。

　伊勢神宮に参拝する若者を見ながら、私はそれらの人々の姿や形はどうであれ、大きな神聖なものの前にぬかずく心は、途絶えてはいない、と感じたのであった。もちろん、神に詣《もう》でるには、それなりの服装や作法が必要である。それは、教えることによって知ることができる。しかし、自分から神に詣でる心というものは、教えることのむずかしいものであり、民族の一人一人の心の奥底に、すでにあるものを、目覚めさせなければならないのであろう。

　こうした意味で、私は、深いところで、現代の若い人たちは信頼できる、と感じたのであった。

いのちの感動

有名な日本画家である東山魁夷《かいい》氏は、『風景との対話』（新潮社）という随筆集を出しておられる。そのなかで、氏は、はじめて〝風景に開眼した〟ときのなまなましい感動について書いている。

それは大東亜戦争中のことだった。ある日、熊本城の天守閣跡に登って、肥後平野の彼方に、阿蘇の裾野が霞んでいるのを見た。氏は、このときの感動を次のように書いている。

《なぜ、今日、私は涙が落ちそうになるほど感動したのだろう。なぜ、あんなにも空が遠く澄んで、連なる山並みが落ちついた威厳に充ち、平野の緑は生き生きと輝き、森の樹々が充実した、たたずまいを示したのだろう。》

いつも見過ごしていた風景が、おそろしいほど強烈に迫ってきた。そして、その〝体験〟から、氏は、はじめて風景というものに開眼した、という。

こうした文章を、私たちはかんたんに読み過ごすが、ここで、氏の言っている〝感動〟の深さというものを味わってみたいと思う。風景が美しい、というのは、その特定の風景が、絵葉書のように美しい、というのではないだろう。見る人の眼が、あるいは心が、澄みきったとき、はじめて、風景はほんとうのすがたを見せたのである。つまり、こうした感動は、主観的な陶酔ではなく、かえって、風景のほんとうの姿をまざまざと見たことになるのである。それと同時に、そのことは、自分自身の本当の姿を見たことにもなるのである。

こうした体験を、アメリカの心理学者アブラハム・マズローは「至高体験」（ピーク・エクスペリエンス）と呼んでいる。彼によれば、こうした至高体験は、深い感動の体験であり、その感動はそのまま本当のものの認識であり、同時に心の底からのよろこびである、という。

私も、何度かこうした感動をした。数年に一度はこうした感動をしないと、心のなかにアカがたまるような気がする。というのは、こういう感動によって、はっきりと心が浄められ、生きていることが、ほんとうにすばらしいことだとわかるからである。

あれはいつの頃だっただろうか。私は明治神宮の裏参道を歩いていた。あそこは、あまり車も通らず、静かに散歩するのに、うってつけなのである。その頃、私はこうした静かなところを散歩することが、非常に大切だ、と感ずるようになっていた。毎日の生活のなかで、心が泡立つような日常を、ちょっとした歩行が鎮めてくれるような気がしていた。私は、樹木の枝や、葉をみつめながら歩いていた。そのとき、急に、樹木の枝と私との間の空間が、意識されたのである。いま一歩一歩あるいている自分と、緑の枝々とが同じ空間にある、そう思ったとき、なにか、はじめての世界に私は足を踏み入れるような感じがした。すると、これまで見ていた欅《けやき》や桐《きり》、公孫樹《いちょう》などの枝々が、言葉で言いあらわされないはじめての姿で立ち現われるようであった。それはふしぎに清潔な形の啓示といったらよいだろうか、神聖な樹木が、祭壇のように輝いて迫ってきた。そして、そのとき歩いている私自身も神聖な幼な児なのだった。日常の時間が消されて、それを断ちきる強烈な神聖性の感覚が私に生まれたのである。というより、私自身が、ふるい殻を捨てて、ヒヨコのように生まれた感じであった。

何かこういった私流の、至高体験は、言葉で、簡単に言いたくないようなものを持っている。ただ、私たちが生きている世界は、本当はおどろくほどすばらしい世界だ、ということである。日常見ている世界は、それを何か人間くさい泥や仮面で蔽《おお》っているようである。本当のものが見えたとき、自分自身も、本当のいのちをあらわす。というより、私たちは、はじめから万物一体のたいへんな歓喜の世界に生かされていたのである。

私は、またあたらしい「至高体験」をしたいと思っている。そして、この本当の世界を、もっともっと讃えていきたいと思っている。皆さんはどうであろうか。心を静かにして、自然を眺めて歩くのである。

自由とファッション

電車のなかで、女子高校生の顔を見ていて、ふと気がついた。みんな一様に髪を額《ひたい》を隠すほど垂らしている。約束したように、同じかたちである。なるほど、これがファッションというものか、と納得した。だがなぜこんなにワンパターンのファッションができ上がるのか？　一人一人が別に主義として他人のマネをしているわけではないだろう。自由に、自分でいいと思って選択したに違いない。

これは娘たちばかりではない。若い男性でも、わざと額を隠している者がすくなくないのだ。こうした一様化はどうして起るのだろうかと思う。

同じような風景ということになるだろうが、服装についてもワンパターンが目につく。予備校が近くにある関係で、そこに通っている若者によく出会う。ところで、彼等に今はやっているのはリュックサックを背負うことだ。予備校に行くのに赤いリュックサックを背負うのである。別に大学を高い山に譬《たと》えているわけでもあるまい。彼等は、そのリュックサックを、片方だけ肩にかけて歩く。それが判で捺《お》したように同じなのである。

若者が思い思いの服装をして、誰にも強制されないのは、一つの幸福だろう。中国の人々が全部詰襟のユニフォームのようなものを着ているのをテレビで見て、気の毒に思ったことがあった。そこには自由がなかったからだ。

しかし、日本の若者が、せっかくの自由を、結果としてはワンパターンの服装にしてしまうのは何故だろう。私はふしぎな感じがしてならないのである。

私がかよっていた生長の家本部は、東京原宿にある。原宿といえば、新しいファッションのメッカだといわれる。近頃は、黒やグレーの色がはやっている。どの店にも同じような商品が並ぶ。それを若者はカッコいいと思って買う。こういうカッコよさというのは、商店やデパートの演出でつくられるものでしかあるまい。若者はただそれを消費するだけである。つまり、ここにある自由は、消費者としての自由にすぎないのではないか。しかもこれがカッコいいと暗示され、その暗示に従っているだけである。

若者が、本当に自分の眼を信じ、自分のセンスを信じるなら、もっと多様な、生き生きした服装があってもいいのではないか、と思う。なぜなら、カッコがいいという美学は、自分の中に美の基準をもってはじめて言えることだからだ。

生長の家で「人間は神の子だ」というのは、人間の中に、真・善・美の規範がある、ということと深く関わっている。神という普遍的な価値が、一人一人の内部に在《いま》すというのである。そして、その普遍者が、それぞれ個性的に現われる、というのである。

こういう意味で、われわれは、個性を尊重する。そして、価値あるものを選ぶためには自由が必須なものだと考える。

それなのに、このせっかくの自由が、他人の暗示によってワンパターンになってしまうというのは、個性が生かされていないことを示すものだ。一人一人の審美眼が未開発のままだということだ。

これは美の問題だけではない。真でも善でも、それが他人の指図に従っているだけでは、本当ではない。つねに、本当の真・善・美を求めること、それは自己解放であるとともに、永遠の規範を求める自己確立でもある。人は、たとえば、本当に美に目ざめると、美は、個人の恣意ではなく、恣意を超え、それを統制するものであることに気づく。

私は、現代の若者が、そうしたところまで自己解放を遂げてほしいと思う。個性の花を咲かせてほしいと思う。そのためには、自分の中から、本物の目を開くことである。そこには素晴らしい価値の世界があるのだ。

心の連帯を求める世代に拍手

映画「E・T」を見に行った。私のまわりにいるのはみな高校生ぐらいの若者たちだった。映画が終って、私は帰ろうとしたが、ほかのものは誰も立ち上がらないのだ。一瞬、私はいぶかしく思った。彼等は、なにか茫然とした顔付きで、なかには眼にいっぱい涙をためている者もいた。

私は、そうした若い人々の感動している姿を見て、あらためて心を打たれた。これは感傷的な悲しみの涙ではない。心と心のふれあいの感動からくる涙である。

世論調査によれば、十代の若者たちは宗教や精神世界に関心を示しているという。これは、二十代や三十代の人々ともまた違った傾向なのだという。ある評論家は、この十代の動向を、物質が豊かに与えられても、魂の充足が与えられない時代に育った者の精神志向だという。ただそうした、精神に価値を認める動向が、正しい筋道を与えられないと、オカルトや珍奇なものへの軽信とか、ヒッピー的アウトローへの傾斜などへ、分散していく傾向があるという。

映画「E・T」のなかで、E・Tが手を触れると、枯れ萎《しぼ》んだ花が急にまた咲きだすところがある。E・Tは、しわだらけの顔に似合わず、若さと、生命のみずみずしさをそなえたものとして描かれている。愛と共感によって花を咲かせたり、人々の心のなかに暖かい灯をともすという発想は、面白く、また考えさせられる真理をもっているのではないか。『理想世界』の一九八三年（昭和五十八年）の一月号〝ミリオンプラザ〟（七三頁）に、東京の保福政春さんという人がすばらしい体験談を寄せている。その一部を引用しよう。

保福さんは神想観を実修していた。

《……三十分位たったでしょうか。急に法悦状態になり、自分が神のいのちと一つになった気がしました。……やっと神の子から神になれたんだなぁ、とおこがましいのですがそういう思いにかられました。……》

《ふと目を開けて最初に目に入ったのがテーブルの上の一輪の花でした。

「ああ、そうだ花は生きている。……だから神と私とこの花とは、愛でひとつにつながっているのではないか」

と考えた瞬間、このアネモネの十個の花びらがいっせいに動き始めたのです。ゆっくりと上へ上へとその花びらを持ち上げてくれたのです。（後略）》

まるで宮沢賢治の童話でも読んでいるような美しい光景だが、これは想像ではなく、実際の体験だという。それは心と心の感応の体験である。そしてこのことは、いのちが、人間のいのちも、花のいのちも、神において一体である、ということのいい実証といえるだろう。

人間が心をひらくと、植物や動物と心が通じるという。植物改良家のルーサー・バーバンクが、サボテンに向かって、

「私は君を愛しているから、トゲで武装しなくてもいいよ」

と話しかけ、それをつづけているうちにトゲなしサボテンが出来た、という。

こういう方法で、バーバンクが種なしスモモなど、多くの品種改良をしたことは周知の事実である。

映画「E・T」に流れている抒情は、こうした心と心のつながり、融合の神秘を、メルヘン風にうたっている。そして、こういう世界は、単なる抒情の世界ではなく、むしろ私たちが日常見ている世界より、もっと根源的な世界であるといえる。

私は、現代の若者が、こうした映画に感動していることに拍手を送りたいと思う。こうした世代のセンスを信じ、それを大きく育てていってもらいたいと思う。

孤立や敵意のかわりに心の連帯を求める彼等のすこやかな心が、そこから人倫回復や、国家愛などにまで育っていくように、祈りたい。

自然への畏敬を回復しよう

岩田帯《いわたおび》というのがある。妊娠五ヵ月に入ると、犬が安産するのにあやかって、「戌《いぬ》の日」を選んで、この帯を着ける習慣が、日本では昔からあった。犬は安産のシンボルであった。だが、動物の安産は、なにも犬だけに限らない。猫が妊娠して、猫の助産婦を呼んだという話はきかない。お産は、もともと自然の営みであり、自然にまかせていれば赤ちゃんは生まれる。無痛分娩なのである。

しかし、この動物たちが、人間に飼われ、人工的な環境の中に置かれると、難産が起るという。獣医に帝王切開してもらわないと生まれない犬も少なくないという。それは、運動不足と、栄養のとりすぎ、そして飼い主の過保護によるもののようである。

谷口雅春先生は、本来健康である動物が、人間に飼われ、人間の雰囲気にふれ、その影響を受けて病気になる事例を『生命の實相』で挙げておられる。たしかに、動物たちは、自然の知恵に生かされているのである。しかし、そうした自然や本能のもつすこやかなものを、人間が人間の手を加えて混乱させるのである。

最近動物園で飼われている猿の子が、木に登れなくなったり、木から落ちたりする。という嘘のような話を聞いた。そうした猿は、母猿の乳ではなく、哺乳びんの牛乳で育った猿だ。

子猿は、生まれた時から母猿にぶら下り、母親に両手でしがみついて、直接母乳を飲んで育つ。母親は動くから、落ちないようにしがみつく。このことが子猿の手や脚をきたえ、把握力を発達させる。だが、母乳で育たない子猿は、こうした手脚を発育させる機を持つことができない。それで、握力が弱く、木から落ちやすいというのである。

だから、子猿が母の乳を飲む、ということは、単に栄養を補給することだけではない。それは、その他に猿の生育にとって必要なことをいろいろ教えるのである。こうした動物の発達の自然のプロセスに人間が介入すると、うまく行っていた仕組みが乱れ、病気とか、適応不能などを起すのである。

同じことが、人間自身にもあるようである。人工によって、人間の自然な知恵が破壊されるということが起っている。

赤ちゃんと添寝をしていた若い母が眠りこけて、赤ちゃんを圧死させた、という記事を新聞で読んだことがある。これは、小さな事件のようだが、人類に対するおそろしい意味をもった警告だと私は受けとった。これまで母親は眠っている時でも、赤ちゃんを圧死させるということはなかった。それは生物としての自然であり、すべての生物に例外なく備わっている生命の合目的性である。明らかに、神が働いているのである。

こういったことが起ったのは、何か人類の文明が不自然な方向に限度をこえてゆがんでしまったことを象徴的に示しているように思われる。

われわれの文明は、自然に手を加え、自然を利用してきた。それは自然のもつ機能を生かすことによって行なわれた。木材を削る時には、木目に従ってカンナを運ぶ、というようなものである。こうして道具は、自然の働きを生かし、その恩恵をうけてきた。ところが、現代においては、それは、自然そのものの働きを破壊するところまで進んでしまった。

今や、ある意味で自然は自然でなくなった。自浄作用を失って、魚の棲《す》まない渓流、農薬によって、小動物たちは、いつか姿を消した。ホタルもいない、セミもいない、イナゴも飛ばない、そして鳥も啼《な》かない野原。

同じような荒廃が、人間自身の内面で、今起っているのではないか。理由のない犯罪の増加。老人病にかかる子供たち。今こそ人間を含めて自然の健やかな回復を行なわなければならない。生命への畏敬の回復を。

やわらかい自己を持とう

西洋画と日本画のちがいは、西洋の油絵には、はっきりした枠《わく》があって、そこで完結した世界があるのに対して、日本画は、まわりが、きっちりした枠を持たないところにあるという説がある。掛軸の絵を考えてみても、この掛軸は、やはり床《とこ》の間におかれてはじめて落着く。ということは、この絵は、それ自身でかっちりした輪郭を持たず、環境とつながってはじめてリアリティーを持つと言っていいだろう。

これは日本画だけではない。日本の伝統的な建築は、やはりそうだ。前述した床の間にしてからが、それは部屋全体と関連して生きてくるのだ。つまり床の間は、部屋全体と切りはなせないかたちで存在しているわけだ。そしてその部屋も、鍵で区切られる密室ではなく、障子を通して、外の明かりがさしこんでくるし、障子を開ければ、そのまま庭や、廊下、隣室に通じるというあんばいである。つまり、日本の家屋《かおく》は、個が、個として孤立するというより、より広い全体のなかで機能を果たしているわけである。それは、個が、かたい輪郭を持たず、やわらかい伸縮自在な姿を持つといってもよいだろう。

これは家屋だけではなく、日本人の人間観の特色をあらわしている。明治初年になって、西洋からいろいろな文物《ぶんぶつ》とともに、思想が入りこんできた。その思想を理解する第一歩は西洋のコトバを正しく日本語に翻訳することであった。さいわい、日本語は、やまと言葉だけでなく、漢語があったから、ほとんどの言葉は日本語に移し換えられた。

　そのなかで、ひどく手間のかかったのがindividualという概念だったという。この言葉は、事物を分けていって、それ以上分けられない単位ということで、人間の一人一人のことを意味した。それで、この後に各個人とか各人とか銘々人とか、いろいろ訳語が当てられたがどうも落着かず、一八八七年(明治二十年)頃になって、やっと「個人」という訳が登場した。

　それほど、個人という概念は日本人にはなじまなかったのである。なぜなら、individualというのは、女でも男でもなく、年齢もなく、父でも、母でも、兄弟姉妹でもないというように、一切のそうした人間の豊かな内容を捨象し、他者とは完全に区別された限界概念だったからである。日本人にとって、「ひと」とは、そうした個人ではなく、父の子であり、子の親であり、村の一員であり、……というように、稔《みの》りある内実を持つものであった。

　この、日本人の人間の捉え方と、個人としての西洋人の人間の捉え方の相違は、いまだに歴然としている。日本人の自己は、自分をつつむものとの一体観を通して、苦労なくひろがる。

　たとえば奥さんが、夫が会社で残業しているのを待つとしよう。奥さんは、夫は、私たちのために残業して下さっているからありがたい、と、心安らかに家で待つことができる。だが、アメリカ人の奥さんは、そうはいかない。自分がかまってもらえないとか、遺棄されている、という不満感を持つ。夫の残業つづきが離婚の原因にもなりかねないのである。これは一例だが、こうした、自我の輪郭のやわらかさは、日本人の貴重な資産なのだ。それを、人々は、ともすれば、日本人の自我が未確立なためだ、と思ったりして、欠点視した。

ところが、最近アメリカ人が、日本経済の繁栄の原因の一つに、この日本的自我観が役立っているといって評価しはじめている。

戦争中の日本人の忠君愛国、無我献身というのも、こうしたやわらかい自己があってはじめて実現した。それをすべて「封建的」という名で断罪してきた戦後思想は、今や時代遅れなのだ。われわれは、もっと昔の日本人のように、かたい輪郭を持たない、すべてのものに感情移入できるような、やわらかい自我を再発見しなければならないのだ。自然保護の思想なども、こうしたやわらかい自我観を前提としなければ、単なるモラルの空論にすぎなくなる。

新たに生まれる

《新年を迎えると誰でも心機一転して新鮮な気持になるものである。それは人類全体が過去に於いて幾千年にわたって、そのように考えて来た想念が、人類意識として地球上ぜんたいに充ち満ちていて、その人類意識の波動をあなたが感ずるからである。その人類意識の「新年を迎える心」に自分の心の波長を合わせて「新しい心」になることは最もやさしい事であり、最も

好い機会を捉えることになるのである。》（『人生の祕訣365章』二二二頁）

谷口雅春先生は、このように教えておられる。新年こそは、あらたに生まれる絶好の機会である。

日本のお正月は、人々が、新生するための祝いの行事にみちている。大体、お正月の行事には、初詣とか、初湯とか、初鏡とか、書初めなど〝初〟の字がついている。これはあらたに生まれかわって、はじめての気持になって、心機一転して事を始めることをあらわす言葉である。〝初日の出〟というのも、過去の不浄をきよめて、清潔な身心で、お正月の太陽を拝むから言うのだろう。太陽は、きのうの太陽と同じ、などと思ってはならない。それは、本当にあたらしい太陽なのである。太陽は、眺めたのでは、古い太陽そのままだが、それを拝んだとき、新しい太陽になり、拝む私自身も、あたらしく生まれかわる。拝むとは、相手を尊い主体として遇し、相手に仕えることである。かけがえない相手との出会いである。そして相手の神性をあらわし出す行為である。

茶の湯で「一期一会《いちごいちえ》」ということばがある。きょうのお茶会は一生にただいっぺん、二度とないお茶事と心得て、真心をこめておもてなしする。これを一期一会の茶事というのだそうである。

一期一会のセンスは、またすべてのものを美しく、切実に、尊いものとして体験させてくれる。

『葉隠《はがくれ》』のなかに、《毎朝毎夕、改めては死に改めては死に、常住死身になりて居る時は、武道に自由を得……》とあり、これが、有名な「武士道というは、死ぬ事と見付けたり」の意味なのだそうである。このところを読んでいて、私は感じた。こうして、何度も死ぬ、ということは、何度も〝生まれる〟ということではないか、と。一度死んで生まれかわった私をとりまくものは、ただそこに在るだけで、貴重な、とうとい、美しいものである。

絵描きが絵を描くのも、こうして、何度も死んで、何度も生まれることではないか。自分の古い、固定化された殻を捨て、あたらしい眼《まな》ざしで、対象を見つめる。いわば、幼な児の心で対象を見る。そうしたとき、対象は、一期一会の、美しさを顕わしだしてくれる。「実相」ということもこのこととは無関係ではない。

さて、お正月のよろこびには、お年玉をあげたり、もらったりすることがある。これは、もともとは、神様からのたまわりものとして、お餅などをいただく習慣から来た。新築の祝いで餅まきをするのも、こうした神様からの祝福をあらわしている。それは、私たちの健康や幸福は、神からいただいたものだ、という信仰をあらわしているのである。〝おれはおれだ〟、〝おれが生きているのは、おれ自身の力で生きているのだ〟、という自己中心の考えを棄てて、あらためて、今生きていることは大きな力に生かされることなのだ、と感謝する、日本人の心の持ち方を示しているのである。

お正月は宮中で四方拝の御儀が行なわれる。私たちも、心きよめて、天地一切のものを拝みたいと思う。青空や、街路の裸木の枝々や、道を行く人々。電車に乗っている人たちも、〃いつもこんなに混みやがって〃などと思わずに、祝ってみたい。そして、私たちのまわりに在るものの美しさ、すばらしさにおどろきたいものである。

「公《おおやけ》」の確立

以前テレビを見ていたら、児童教育者として知られている吉岡たすくさんが外国旅行に行ったときの体験を、ビデオを使って話していた。スイスを訪ねたときのこと。この国は、日本人がよく行きたがる国で、沢山の観光客が行く。吉岡さんも、アルプスの美しい風光や、有名な時計工場、公園などを案内され、見学した。そのとき、このすばらしい自然の中に立っている標示板やホテル、看板などの公共施設に、落書がしてあり、日本語の落書がとくに目立った。おどろいて案内の係の人に尋ねてみると、この落書は、だんぜん日本人が多いといわれ、身のすくむ思いがしたという。

実際、こうした事実を憂えた日本人のある団体が、かつて、落書を消すための費用を集めてスイスに送ったことがあった。スイス国では、その費用で、小学生たちに、落書をペンキで消させた。だが消した次の日からまた新しい落書が書かれた。それで、スイスでは、無駄だというので消すのをやめてしまったという。

落書などは、どこの国の人間でも同じようにやることだと思っていた私は、これが、とくに日本人に多い、というので、考えさせられた。日本人は他の外国人に比べて、どうして、こうした落書を多くやるのだろうか。これはまさか日本民族の欠陥などではあるまいが、はずかしいことである。

そう言えばこれは、落書だけのことではない。私がカナダに行ったとき、地元の人のドライブで、高速道路を走った。実に美しい道路で、どこにもタバコの吸殻や空カンなどのゴミが全然見あたらなかった。地元の人に聞くと、カナダでは、車から空カンなどを投げて見つかったら、大変な罰金をとられる。それだけではなく、子供たちは、小さいうちから、そういうことをしてはいけないと家庭や学校できびしく、しつけられているという。

日本では、道路がきたないだけでない。駅のホームなどで、勝手に痰《たん》やツバを吐く。タバコの吸殻はその場に棄てる。公共の場所をよごすことに何の罪悪感もないように見える。これは教育や、しつけの問題であり、日本では公共という観念がだいたい欠落しているのではないか。

前の戦争中、日本では滅私奉公が強調された。その滅私奉公の甲斐もなく敗戦になってしまった。その反動からか、戦後の教育では、滅私奉公が間違っていたのだ、今後は「私」の拡大にこそ意義がある、といったようなことが力説された。彼等によれば「公《おおやけ》」という観念は支配層が国民に押しつけた虚構にすぎない。「公」というのは、本当はブルジョワ階級の私益をカムフラージュしたものにすぎない、といった議論である。

こうして、日本の伝統的価値が否定され、私的欲望の充足が価値だという考えまで横行することになった。その結果、倫理や道義の持つべき絶対性や普遍性までが否定されてしまった。

大人たちは子供の非行について心配しているが、問題は、実は大人の側にある。大人に本当の倫理や道義が確立していないのである。「公」を否定し、私欲の充足をそのまま肯定したからである。彼らが悪いことをしないのは、人が見ているからであり、処罰されるのを恐れるからだ。だから、外国へ行けば、つい〝旅の恥はかき捨て〟となってしまう。

落書ひとつにこだわるようだが、これは戦後の日本の精神的空白と関連している。何といっても、魂のうちに、倫理の絶対性の確立、別な言葉で言えば「人間神の子」の自覚が確立しなければならない。それが、真の意味の「公」である。そのためには、われわれの運動がもっともっと国民のうちに浸透しなければならないのだ。

日本人の「自然」

『森　日本の名随筆21』（作品社）という随筆集を読んでいたらそのなかに、作家の水上勉の「木挽き話」という小品があった。

それは、作者が木挽きの爺《じい》さんから聞いた話を中心に書いているのだが、そのなかに次の箇所があった。

《「自然は、つまり、守るもんでしてね」と老爺《ろうや》さんはいった。「わたしらは、子供のじぶんから教えられたんです。山は放っておくとつるばかしになる。毎日、つる伐りに歩かないかん……つるはあんた、良木をいじめる怪物です。放っておくと山はジャングルですわ」》

この言葉を聞いて、作者は思う。

《私は老爺さんの話から「自然」という言葉にこの時、眼がひらける気がした。なるほど、私たちは、自然という言葉を、あるがままといった意味につかうことが多い。……ところが、山の自然というものは、ナタをもって、いちいち樹にまきついたつるを伐らねばならないところの自然である。》

私はこの箇所を読んで、はっとするものを感じた。それは、日本人の「自然」についての独特の考え方につながるような気がしたからである。

日本人は自然を愛する民族である、といわれている。日本の木造の家の造りや、庭を見ると、自然がよく取り入れられている。西洋の家屋が、自然から人間を隔離するのに対して、日本の家屋は、タタミや障子にあらわされるように、自然を家の内部に迎えるおもむきがある、ということはよく知られている。だが、ここで言われる「自然」は、ふつう西欧で考えられる自然の意味とは違うようである。

茶人の千利休が、客を招くとき、小僧に庭を掃かせた。小僧は落葉を一枚も残さず掃き終った。利休はその庭に降り立って、一本の樹を揺《ゆ》すって、葉をすこしばかりこぼして、「さあ、これで客を迎える用意が出来た」と言ったという。

この挿話《そうわ》について韓国の評論家の李御寧《イオリヨン》氏は、「なんと日本人のやることの小賢《こざか》しいことよ。もし中国人ならば、葉をすっかり掃除した状態で客を迎えることであろう。それが美だからだ。またわが韓国人ならば、落葉の散り敷いた状態のまま客を招ずるであろう。それが自然だからだ」と評した。つまり、李氏によれば、千利休のしたことは、不自然でさかしらなことであった。

たしかに、李氏の言うように、落葉を散り敷いたままにした方が、普通の意味で、より「自然」であろう。しかし日本人は、このように若干の落葉の散っている風情のなかに自然そのものを感じたのだ。つまり、日本人の「自然」は、人間の外部にあって人間と対立するものではなく、心につらぬかれた自然というか、人間の手の加えられた自然なのである。このことは、自然というものを、おのずから在るものであると考えれば、一種の背理《はいり》であろう。しかし、日本人にとっては、自然とは人間の手のとどかないものではなく、人間の心とかよいあうものであり、あえて言えば心そのものであった。だから、自然を見ることによって、日本人は、人間の心を見ることができた。日本詩歌の伝統は、物において心を見る抒情の系譜である。

このことは、一見異様に感じられるかもしれないが、日本人が産業用ロボットの導入に積極的で、それらに〝百恵〟とか、〝聖子〟とか名前をつけて親しみを感ずるというのと相通ずるものがあるようである。この場合、ロボットは単なるマシンではなく、有情《うじょう》のものとして受けとられる。それは、月や花に、人間の心の喜びや悲しみを移入することと違った精神の営みではない。

さて、山の自然は、つるを伐ることによってはじめて本当の自然となる。それは、人間にたとえれば、人間の心のつるをナタで伐ることであろう。

「そのままの心を大切にすべし」というとき、そのままというのは、「つるを伐る」ことを含んでいる。それは決して欲望と同義の自然主義でいわれる自然のことではない。つまり日本人の感じている自然というのは、在るものであるが同時に在るべきものをうちにふくんだ自然なのである。

ミーイズムからの脱却

ミーイズム（me-ism）ということばがある。これは自分主義、自己主義というか、エゴイズムとはちょっとちがったニュアンスをもつことばである。エゴイズムというのは自己を積極的に主張し、他を押しのけても自分を拡大しようとする。これに対して、ミーイズムというのは、自分というものを私的な領域だけに限ってしまい、それ以外のものは〝カンケイない〟と切り捨てる。いわば消極的な無関心主義である。主義というよりは、生き方のタイプである。こうしたミーイズムが、世界的にふえているという。とくに先進国といわれる国々には、こうした人々がふえて、それが所謂《いわゆる》先進国病の一つの症状になっているという。

一九八四年（昭和五十九年）十二月三日の『サンケイ新聞』朝刊で評論家草柳大蔵氏が、このことについて、次のように統計資料を引用して説明している。

《日本リサーチ総合研究所の「産業社会変動指標研究調査」では、調査対象になった約千五百人（十五歳から六十九歳まで）の三九％が「私生活中心で、積極的に責任を引き受けることを拒否する傾向がつよい」ことがわかった。……

同調査によれば〝競争回避〟もそのひとつで、競争を「必要なもの」あるいは「よいもの」と認める人は一六・七％しかなく、「競争は人の心をむしばむ」「出世よりも平凡に生きたい」と答えた人はなんと三九・九％に及んでいる。》

〝競争はわるいもの〟と考える風潮がマスコミや教育界にまんえんしているようである。これは、〝平等〟こそ大切な価値で、一切の差異はよくないとする悪平等の考え方である。これはまったく現実に反したものである。スポーツ一つとってみても、競争があるから勝利もあるし、努力のかいもある、といえる。

競争について、『生命の實相』(頭注版第1巻六頁)には次のように書かれている。

《生存競争にやぶれたものは何か自分と競争している同輩にうち負かされたように思って恨んだりしがちでありますが、実は誰にもうち負かされたのではないのであって、生命顕現の法則に最もよくかなうもののみ最もよく生長する、という厳とした法則によっておのおのの「生命」は宣告されているのであります。》

生存競争から身を引いて、私生活の感覚的な世界に閉じこもろうとする消極的な生き方の人々がふえると、勤労意欲がおち、国家の活力も失なわれる。それと同時に、こうした無関心層は、政治的なデマゴギーに乗じられやすい。利益誘導に弱く、〝反対〟運動などをうのみにしやすい。こうして、義務を否定し、権利意識のみ肥大した勢力がふえると社会的混乱が起りやすい。英国病といわれるものもその一例である。

人間が、唯物論者の言うように肉体的存在であるならば〝公〟と〝私〟とは矛盾し、私的なものこそ人間の本質ということになる。そして〝公〟とは権力側の詐術であり、虚構だということになる。だが、こんなばかなことはない。『生命の實相』の説くところによれば、人間は、本来、〝公〟を内部にもつ存在である。わがうちに国家があり、世界がある。人間は、人類の未来をわがうちにとり入れてはじめて生きがいを感ずるような存在なのである。

こうした「生長の家」の考え方を、心理学的に支持していると思われるのが、ユングの心理学である。ユングによれば、人間が、ふつう自分であると思っているのは仮面なのであり、そのほかに、もっと大きな本当の自分があるという。それは、個人を超えた普遍性を持っている。それは神とか仏とかいう超越的なものの似姿であるとユングは言う。

これは谷口雅春先生の所説にきわめて近い。人々が、大いなる真の自己に目ざめ、ミーイズムとかエゴイズムとかいった限界を破って、人類の未来をわがうちに摂取し、人々に本当の生きがいと幸福を与えるのがわれわれの運動である。

最近、思想界においても、人間が霊的存在であることを明らかにする動きが起っているのは、いかにも心強いことである。

神との出会い

一九八五年（昭和六十年）の二月、海外の信徒の方々から要請があり、たまたま私が選ばれてヨーロッパへ行く機会を持った。

西ドイツの南部のバートデュルハイムというところで開かれる見真会のためというのが一番の目的であった。

行事が終って帰国するとき、スイスのチューリッヒ飛行場まで車で送ってもらった。四時間ほどのドライブである。あたたかいよく晴れた日であった。ライン河の上流や中世の城、古い教会の尖塔《せんとう》など、目をたのしませてくれる美しさがいっぱいあった。

しかし、わたしにとっては、道の近くの山腹のところどころにある山村の家々が、ひどく新鮮なものに感じられた。まだらに雪のある丘と、その向こうにある高い山脈と青空、そうした自然と、点々とある家々。家並はあまり大きくない。しかし、それぞれの家は思い思いのちがった色彩で、ひどくあかぬけしているように思われた。どの家も、窓を外から被《おお》う雨戸が、窓の両側に翼のように開かれている。それがある家では濃い緑、またある家では褐色と、独自な色彩で家をひき立てている。それでいてけばけばしさのない落着いた色調なのである。

遠くからそうした家々を見ていると、それがまた全体として調和した風景になっている。いわゆる全体と部分が、だれか見えない設計者でもいるようによく調和している。もちろん、こうした家々は、お役所の管理や企画によるものとは思えない。ずっと永い年月で磨き上げられたもののように思えるのである。

私は、以前評論家の福田恆存《つねあり》氏が、T・S・エリオットを引用しながら、文化というものを個と全体が調和した生命体の〝生き方〟として説明しているのを読んだが、〝なるほど、これがスイスの文化というものなんだな〟と納得するものがあった。

しかし、それにくらべて、日本の住宅はどうだろう。日本の家屋は、昔にくらべて明るくなり、電気器具も入り、住みやすく便利になった。だが、勝手につくられる赤や青のトタン屋根の家々。ブロックや木や煉瓦や、自由というときこえがいいが、ただ雑然としている家々を私はイメージしてみた。どうしてもそうした家々は美しいとは言えないのである。

日本人は、個と全体の調和にすぐれたセンスを持っているといわれる。庭石ひとつとってみても、それぞれの石はバラバラに見えても、全体として美しく布置《ふち》されている。そうした全体観とでも言えるものが、日本の伝統にはある。日本の国や社会の安定性も、ひとりひとりが心のうちに全体への配置を持っているところから来ると言えるだろう。

だがそうした日本の心が、現代の日本家屋には見られないのはどうしたことだろう。一人一人が自分勝手に家を建てる。けばけばしい新建材を使った家や、成金趣味を思わせる庭などを見ると、〝全体〟というものがどこにも感じられない。個人はあっても公共性や社会性が欠落しているのである。公共性というと外からの強制と受けとられやすいが、個人個人の中におのずからの配慮としてある全体のことなのである。

日本の近代化とは、西欧化であった。それはいわゆる〝我の自覚の歴史〟でもあった。しかし、その〝我〟は、本来あるべき連帯性を拒否し神性から断絶した個人の優位の主張でしかなかった。いま、西欧では個人主義というものが反省されている。ところが、日本では、個人の人権至上主義が手放しで肯定されているようである。その結果、美しいものが消えていく。そしてその美しいものとは、実は、神なのである。

スイスの山村で、わたしは、日本で見失われた神に出会った、といってもいいのである。

〝富士山〟のテレビを見ておもう

NHKテレビで、〝富士山〟というのを見た。これは映像と音楽で、四季おりおりの富士山を撮ったものをまとめたもので、ストーリーはない。映像の変化のなかに美しい山の姿が新鮮にとらえられている。撮影にはずいぶん苦労しているのだろう。永い時間と人とお金をかけているのだろう。それにしても、富士山がこんなに美しいとは。目をみはる思いであった。

自然の美しさを、子供が、「まるで絵葉書のようだ」という。自然の美しさがあって、それをコピーするのが絵葉書だから、こういうおどろき方はナンセンスだが、私は、こんど実物の富士山を見て感動したら、〝まるであのテレビの映像のようだ〟と思うかもしれない。

富士山を目で見るのとテレビで見るのとは、実物と映像の関係にあるという。だが、このテレビで、美しく選択され、みがかれ、きりとられた画面は、単なるコピーではない。それは凡人以上の目で見据えられ、受容され、選びとられたものだ。だから、この美しい画面は、客観というより、きびしい主観によって見られたもの、つまり主観そのものというべきだろう。

ロンドンの霧は詩人によって生まれた、という。つまり、認識されることによって、事物は存在に入るというのである。テレビの美しさによってはじめて富士山の美しさが現われるという逆説が、ここでは、本当のように思われるのである。

私たちは、いわゆる現実に見たり、聞いたり、触ったり、直接体験できるものをリアリティーと思いやすい。〝この目で見たから間違いない〟という。しかし、生長の家では、それは〝現象〟であるという。病人を見ると、たしかに病人のように見える。しかし、それは実在でない。マヨイである。

われわれは、日常生活において、この現象を現実そのものだととりちがえやすい。目で見たものも、それが表象として客観化されれば映像と同じである。イメージである。映画のイメージやテレビのイメージは虚像で、実際目で見たものだけが実体だ、というわけにはゆかない。カメラは機械で、在るものをありのままに写すと思われている。しかし、カメラは単に受動的に写すのではない。それは生きた目と同じに、選択し、チャンスをとらえ、価値判断までする。

いつかスピルバーグ監督の映画、「E・T」を観た。画面は低いところから上向きに撮られている。それは少年の目線に合わせているのだった。少年から見ると、大人は、大きく、理解不能な冷たさを見せていた。

見る人と、場所と時によって事物は、変化し、あるいは新鮮に見える。〝我楽多市《がらくたいち》〟というのを見に行った。路上に、火鉢や、茶碗や柱時計が置いてある。それらは、日常生活の関連から離れて、ひどく孤独に見えた。そしてまたふしぎに生き生きとしたものとして。

トリスタン・ツアラの〝ダダ宣言〟では、〝解剖台の上でミシンと蝙蝠傘《こうもりがさ》が出会ったように美しい〟という有名な言葉がある。事物は関係によって美しい姿をあらわす。

画面には紅葉が映されている。しばらく紅葉の美しさが出ているが、そのあと急に富士山が出てくる。その新鮮さ。このテレビを見ながら私は、イメージというものもひとつのリアリティーなのだということを納得した。

私たちは事物をよく見ない。富士山でも、心からじっと見つめたことがない。だから心に残らない。心に残るほど感動したとき、富士山は、心のなかにイメージとなる。そういった目を持って映像を撮《うつ》すとき、感動的な画面になるのだろう。

そこには人間の生き生きした心によるおどろきがある。感動こそが美の発見のもとにあると言えるのだろう。

エッセイ3

子供は超能力者

私が高校生時代のこと。ある夜、家族がそろって夕食をたべていた。食事の途中に、私は、ふいに立ち上がって台所に来た。すると、なんとバケツに入れてある炭が真っ赤に燃えて床から煙がでている。〝火事だ！〟と思って水道から水を汲んで消火した。

七輪におこしていた炭火が飛んで、どうしたはずみか、その近くにあった炭桶《すみおけ》に火がついたのだった。その炭桶はバケツで代用していたので、その火が床を焦がして、もうちょっとすれば大変なことになるところだった。

私はなぜ台所に来たのか思い出せなかった。食事をしていた居間と台所とは一部屋を隔てていたので、家族の誰も、炭火の燃える音など聞かなかった。

おどろいた家族に、あとで私はほめられたが、考えてみると、これはちょっとした超能力ということになるのかもしれない。

以前日本教文社で出版されたサミュエル・ヤングの『超能力の子供たち』を私は翻訳した。著者はアメリカのジャーナリストで、まじめな超能力の研究家である。ヤングによれば、どの子供も、小さいうちは、第六感とかテレパシーの能力を持っている、という。

母親が子供に何か言おうと思っていると、子供が、母親の言おうとしたその言葉を言ったりする。その本のなかで、著者は、ある父親が、食事のとき、書棚にある雑誌を読もうと思っていると、その父親が読もうとしている雑誌を、子供が、ちゃんと持ってきて、「お父さん、ハイ」と渡す、といった事例を述べている。

こんなことは、それほど珍しいことではないのではないか。思い当る人もおられることと思う。ふつうは、両親は、そんなことがあっても、それが超能力だとは思わずに、そのまま忘れてしまうことが多い。

人間は、肉体を見ればみなバラバラに独立しているようだが、心は、潜在意識の底の方で、ひとつにつながっている。だから一人の人間の心の波動は、他の一切の人にわかるはずである。また、この世界に起る出来事は、すべて想念の世界でつくられているのだから、(これは『生命の實相』〈頭注版第9、10巻霊界篇〉や谷口雅春先生の他の著作にくわしく述べられている)想念の世界からの情報をキャッチすれば、この世界の出来事の予言も不可能でないはずである。

アメリカで有名な予言者ジーン・ディクソンは、一九四四年の十一月、ルーズベルト大統領に招かれた。ルーズベルト大統領は、ディクソン夫人に訊《き》いた。「これから私はどれだけ仕事ができるだろうか?」ディクソン夫人は答えた。「ほんとうに申し上げにくいのですが、六ヵ月以内なのです……」彼女の予言のように、一九四五年四月十二日、大統領は、脳出血で死去した。また彼女がケネディ大統領の死を予言したことは有名である。もちろん、彼女の予言といえども一〇〇パーセント的中するとは限らない。私たちが注意しなければならないことは、予言はありうるということ、それは心の世界が現象の世界に先立つことを知るためには大切だが、――しかし、個人個人の予言者の言葉を信ずることとは別なことだ、ということである。予言者の言うことをいちいち聞いていては、自分の自主性や自由を失なってしまうし、また自分の心が変われば、他人の予言などは当らないことになるのである。

もし、皆さんの子供さんのうちで、とくに予言能力などのある子供がいたとすれば、どうすればよいか。ヤングは、親が注意しなければならないことを、この本のなかで深切に教えてくれている。

超能力があるからといって、その子が別に高級霊だということにはならない。この注意は大切である。超能力というのは、やはりひとつの能力であって、それは精神、身体的な資質である。うちの子供は大変な神の生れ変わりだ、とかいって子供をまつりあげることは大変危険なことである。またその反対に、親が、そういう能力に理解を示さないで、叱ったり、圧《お》さえつけてしまうのもよくないことである。このように、過大評価をしたり、叱ったりする両極端に陥らずに、やさしく、そういう能力を、子供の人格の一部分として受け容れてやることがのぞましいという。

親にとって大切なことは、子供が神の子であり、現象的には心の法則によって、良いことをすることが幸福への道であること、善と福とが一致することを、子供に教えることであろう。

ともあれ『超能力の子供たち』は、子を持つ親にとって役に立つことがすくなくないと思うのである。

心の応接間（1）

新幹線に乗っているとき、隣の座席で、二人の婦人が話をしているのがきこえてきた。仮にA子さんとB子さんとしよう。

A子「わたし、沖縄に行ってきたわ。沖縄の海はきれいだったわ。ずっと底まで……」

B子「あら、わたしは、北海道に行ったの。すごく雪があってね」

A子「グラス・ボードで見ると魚がよく見えるのよ」

B子「三月だっていうのにスキーをしている」

A子「すごくきれいな色の魚が泳いでいるの」
B子「朝晩はまだ寒くてね」……
こんな話をやっている。お互いに、じぶんの喋ることにばかり関心があって、相手の話など全然聴いていないのである。

話をするというのは楽しいことだろうが、こう見事なすれ違いを聴いていると、はて、これはどうしたことだろうと思うのである。このお二人は親しい友だち同士らしい。しかし、お互いに、相手には本当は関心がないのである。ただ自分の話していることを聴いてもらえばいいのである。

こんな人たちは、よく、自分は理解されない、とか、淋しい、とか言うのである。じぶんが他人を理解しようとはしていないことに気がつかないのである。たしかに、人には、自分を理解してもらいたい、自分を知ってもらいたい、という願いがある。それは、自分の、他人とは違った、独自な、かけがえないものを知ってもらいたい、という願いである。

だが、人と人とのつきあいでは、そうしたお互いのかけがえなさを認めあうようなかかわりあいは、すくない。それよりも、相手が自分にとって、役にたつとか、利用できるとかいう功利的なかかわりあいの方が多いようである。お互いのつき合いが、役目として、役割として、行なわれる。相手が、すばらしい、と思う時でさえ、その〝すばらしさ〟というのは自分の基準でみたすばらしさであり、しかも、〝すばらしい〟からつき合うので、相手のなかにそのすばらしさがなくなったり、すばらしさを認められなくなれば、そうしたつき合いは破れるのである。

相手を、ほんとうにかけがえないものとして接するとは、そうした〝すばらしさ〟の程度で変わるような浅いものではないはずである。相手を、そうした自分の判断する価値基準をこえた、「そのままのもの」としてつき合うという人間関係がすくなくなっている。

現代の社会で、人間疎外ということが言われるのは、人間関係が、こうした浅い、外面的な、機能的接触になってしまい、一人一人の、心の奥底にある、かけがえなさがみとめられないことから来るのであろう。

ところで、このような、相手のほんとうのすがた、そのままのすがたというものが、生長の家でいう実相なのである。それは役に立つとか立たないとかいう相対的な価値をはなれたものである。よい子だとか、わるい子だとかいう価値判断以前のものである。別な言葉でいえば、人間関係が深まるというのは、相手を、役に立つとか役に立たないとかいう評価をしないで、ありのままに、相手を認めうるということであろう。

親が、子供を良くしようと思うのは人情であるが、あまりにせっかちに、良くしよう、と思うことは、子供のありのままを認めないで、自分のつくった心の枠で見据えて、子供を批評することになりがちである。母親が子供に対して、いつでも正邪、善悪という批評の心で向き合っていれば、子供にとってこんな窮屈なことはない。と同時に、そうした家庭は、冷たいと言わなければならないだろう。
「あなたがいてくれるだけでお母さんは幸せだわ」という、根本的な存在受容が、すべての人間関係の底にあるべきであろう。批評しないで、そのまま受け容れること、善悪以前に、在りのままを肯定すること――こうしたことが忘れられているように思われるのはどうしたことだろう。

相手をそのままに受け容れる、というのは、相手の言うことを心をこめて聴いてあげる、ことと切り離せない、と思う。じっと、相手の言葉をやさしく聴いてあげることである。このように、聴くことは、そのまま相手を拝むことに通じている。

私は思うのだが、心のなかに相手を受け容れるこうした応接間をつくることが大切なのではないか。その応接間に人々を迎えて、人々の言うことをじっと聴いてあげよう。そのとき、決して批評をしてはならない。価値判断をしてはならない。〝すばらしい〟などとせっかちに言ってはならない。そうしたやさしい沈黙のなかで、受け容れた相手は、ふしぎなことに、かけがえない神聖さをあらわすのである。尊さをあらわすのである。ここに実相の神秘がある。
「耳は二つで、口は一つ。だから、自分が喋るより二倍、ひとの言葉を聴こう」という箴言があるが、深い意味をもっているのである。

心の応接間（2）

心の窓を開く

谷口雅春先生の「天使の声」という詩に、次のような行がある。

或る日、私は心の窓を開いて、
大生命のみ空から光線のように降り濺《そそ》ぐ生命の讃歌に耳を傾けた。

心の窓を開く、とはどんなことだろうか。よく、「目のうろこが落ちる」という表現が、さとりの時の経験を述べる宗教家の言葉のなかにあるが、「心の窓を開く」というのもそう容易《たやす》いことではないようである。自分の心の窓が閉じているか、開いているかは、見た世界がどんなふうなのかによってわかる。つまり、いままで知らなかったような、すばらしい実相世界があらわれるとき、それは、自分自身も実相の自分になるわけである。見られる世界と見る人間とはもともとひとつなのだから、私たちが、現象の自分のなかに閉じこもっていれば、見られる世界も現象ということになる。そして、実相とか現象とかいう区別も、もともと深い宗教体験によってはじめて実感として自分のものになるわけである。実相を観ずることは、五官の世界を去って、はじめてできるが、五官の世界を去るとは、目を閉じなければならないとは限らない。

キリスト教神秘思想家のうちには、目を閉じて瞑想しているとき、神の国すなわち実相世界を観ずる人も多いが、また目を開いていて、そのまま世界が荘厳な神の国に変貌するのを体験した人たちもすくなくない。

もっとも、実相を観ずることは、神秘といえば神秘だが、逆に、もっとも現実的なものが実相であるから、それは却って、神秘という「彼方」のものであるより、「いま、此処」という確実で現実的なものであるとも言える。

よく、「実相はすばらしいが、現実はちがう」というように、実相というものを、ただ理想の彼方にある現実の否定概念として考える人がいる。しかし、実相＝実在ということばは、「ほんとうに在るもの」という意味であるから、それは、もともとリアル（現実的）なものなのである。

私たちの目の前にある樹木や、草原や、鳥や、人々というものが誰の目にも同じように物として私たちと無関係にあるのではない。私たちが、ふつう、物がある、と見たり、思ったりするときは、そうしたものは、私たちが見ても、見なくても同じようにあるように思われがちである。しかし、ほんとうは物は、私たちに示す、隠れたものの顔のようなものである。樹や花や山なども、私たちの向きあい方に従って、素早く表情を変える。だから、一本の樹を見るときも、私たちの心の姿勢が曇っていたり、ゆがんでいたりしては、樹は、ほんとうの姿を見せてはくれない。同じことは、じぶんの子供たちでもそうである。自分が子供たちに対するいろいろな要求で泡立っていれば、子供たちもそれにふさわしい姿で現われる。生長の家では、それを仏教の「三界は唯心の所現」という言葉で明らかにしている。

谷口雅春先生が、前掲の詩を歌われたのは神啓を受けられたときであった。そして、その詩のあとに、先生は次のように書いておられる。

《わたしはついに神を見出し、本当の自分を見出したのであった。三界は唯心の所現である、その心をも、また現ずるところの現象をも、一切空無と截《た》ち切って、その空無を縦に貫く久遠不滅の大生命が自分であった。それ以来、わたしの見る景色が変貌した。……》（『生命の實相』頭注版第20巻 一三八頁）

これは窮極の体験とも言える稀有の瞬間であるが、私たちも、心の窓を開くことによって現象否定の極から実相の開花を体験できることになる。

ひとつの花が開くというのも、世界が開くことである。本当の花の顔にふれるためには、それならばどうすればよいのか。これは、永い修練を通して到り得る境であるが、同時に、素直な、明るい、予断のない、無我と感謝の、そのままのいのちが、自分のうちに開くとき、花の美しいいのちの開花をじかに感じ得るのである。

現実とは、じっさい、途方もない世界なのである。美しく、荘厳で、清らかな、言葉を超えた世界の秩序である。それを描こうとして本当の画家は、カンバスをひろげる。しかし、そのためには彼は、何らかの意味でその世界をすでに体験していなければならない。そして同時に、それはこれから開かれるものを待つ、ことになる。

子供の実相を観ずるとは、だから、親の側で、心の窓を開くことなのである。素直になることである。拝むことである。それは情の問題であるとともに、正しい認識である。もっとも現実的なものに出会うことなのである。

心の応接間（3）

ぼくの眼はこの大空の深い安らぎを感じる。そしてぼくのうちに、陽の光に満たされようと葉の杯を差し伸べる一本の樹木の感じるものが伝わる。——タゴール——

タゴールの詩の一節である。これを読んでいて私は、ふと感じた。詩人は、じぶんを太陽に葉をさしのべる樹木のように、大空を見上げている。そして空から深い安らぎを感じとっている。ともすれば忙しさにまぎれて、こんなふうに、空を見上げて深い安らぎを感じることを私は忘れていた、と思いあたった。

みなさんはどうだろう。大地や樹木や空が、私たちの生活において、経済的な意味とは別に、どんなかかわりを持っているのだろうか。ともすれば、そんなものとは無縁になっているのではないか。

日本人は昔から自然と人間とがひとつのものとして融けあって生活していたといわれている。心のなかに神を見出す人は、自然の奥にも聖なる神の現われを感じる。しみじみとした心で空を見上げる——そしてそこからふしぎな輝きを感じとる——こうしたことをあなたは忘れていないか。詩人のリルケは、鳥の翔ぶ空間は、私たちが見上げている空間ではない、と歌っている。そのいうこころは、私たち人間の日常化した空間とは別な、聖なる空間というものを歌おうとしていたのである。空を見上げれば、スモッグで曇った空や、航空機や人工衛星の飛ぶ空とは、別な、心の空があるはずである。人類が月世界まで行ける時代に、お月見なんて、ナンセンスだ、という人もいるが、お月見をする空と、飛行機の飛ぶ空とは、次元のちがう空なのである。

日本語の「社会」という言葉は、居住空間といった現代ふうのソサエティーの訳というよりは、くにつ神を斎《いつ》き祀《まつ》った社《やしろ》を中心に人口が結集した場所という意味があったといわれている。つまり聖なるものを中心にしたコスモスとしての秩序があった。コスモスという言葉も、ギリシャ人が壮麗な空を見上げて、そこに宇宙の聖なる秩序を直観してつくった言葉である。それは日本語で、「高天原に神つまります」と言われている直観と同質の敬虔さと叡智をもっていたのである。

ともあれ、自然科学で対象化し、測定する空間と、樹木が生命として伸びている空間とは異質なものだ、という考えは、決して突飛なものではない。

W・E・バトラーという超心理学者が、人間はときどき大地の上に素足で立ったり、樹木によりかかったりすることが健康によい、と述べているが、それはともかくとして、時には自然の健やかな生気(プラナ)を吸い込むことは、心をひろびろとしてくれる。

古代人が仰ぎ見た空の、神気あふれた美しさという直観と、あまりに無縁な生活に明け暮れる現代人の生活のうちにも、やはり、時には、「心の空間」に、聖なるものを感じとることは必要なのではないだろうか。

人間が活動する舞台の背景として自然を考えたり、加工する素材や搾取の対象として自然を見たりする習慣が、人間を傲慢にしている。今や地球は傷だらけだ、と自然保護団体は叫ぶ。たしかに、一理はある。しかし、こうした人々の心に、「聖なるもの」への直観がなければ、単なる反対運動に終るしかない。宇宙の御中《みなか》に中心があって、聖なる天之御中主神《あめのみなかぬしのかみ》としてそれを直観した神聖秩序の感覚が、私たちの心の中には生きている。

あさみどり澄みわたりたる大空の廣《ひろ》きをおのが心ともがな

この明治天皇の御製のみ心は、単なる人生訓といった受けとり方をすべきものではないだろう。思えば大空どころか、せせこましい心の部屋に、空間がすこしもない現代人の心を反省するとき、前述のタゴールの詩の一節も強く迫ってくると思う。

宮沢賢治は「空からエネルギーをとれ」と言っているが、空や、風や、樹木や花などに、心を開いて、じっと見つめると、ふしぎに、いきいきとしたよろこびが伝わってくる。それは生命のエネルギーと言ってもよい。

家庭で、花瓶に花をいける人はいるが、その花を、しみじみと見たことのない人も多い。みなさんに提案したい。そうした花瓶の花を十五分間、じっと見つめてごらんなさい。観察するのではなく、花の心を聴くつもりでじっと見つめるのである。赤い色とか、白い色とかいった言葉で簡単に言いあらわされることではなく、なにか、そこに在る、かけがえない、神秘的としか言いようのない、親しい呼びかけのようなものを感じるにちがいない。多忙な日々のなかで、そうした時間を持つことは、決して無駄ではない。気がつくと、じぶんの心のなかに、清潔な応接間が出来ていることがわかる。

そして、皆さんの愛する子供たちを、時にその応接間に迎え入れてはどうだろう。

心の応接間（4）

あるとき

そのまえを通ると
ひとは
不意に　まぶしく見える

そのまえを通ると
ひとは
ふしぎな光にくまどられる

そのまえを通ると
ひとは
じぶんの知らない美しさを取り戻す

それは　蔦薔薇《つたばら》の垣根である
舞台のうしろの明るい緞帳《どんちょう》のように
静かに　登場する人を持っている

ときどき
いっぱい咲いている薔薇の匂いが
道のこちら側に立っている
わたしに届く

私はある日、東郷神社の近くを歩いていた。ふと見ると、道の向こう側に、薔薇がいっぱい咲いている垣根があった。道からすこしひっこんだ、ひっそりした一軒の家の庭に、見事に咲いている薔薇だった。私は息をつめるようにその美しさに吸いこまれた。そこだけが、なにか自動車の騒音も邪魔にならないようである。人の心を洗ってくれる静かさと明るさがあった。私はしばらく立ち止って道の反対側から見ていた。すると、ふしぎなことに、そこを歩いている人が、まるで舞台の登場人物のように、見えないスポットライトがあたっているようだった。本人たちが知らないうちに、なにかひどく美しいのである。

中年の男が通りかかった。日にやけた顔で、ワイシャツをまくりあげて足早にそこを通りすぎた。皺《しわ》の寄った顔も、その人がまさにそのようであることがいちばんいいというように、自足した感じであった。

しばらく見ていると、若い娘が通って行った。白いブラウスと紺色のスカートで、どこにでもいるような娘である。しかし、彼女はそこで、ふいに身体の目方が軽くなったように、ふわふわとした感じである。まるで飛び立とうとする鳥のような感じであった。というより、人は、実は、一瞬一瞬そうした飛翔をうちに持ちながら、飛び立たずに歩いて行く、という感じなのである。

それは、たしかに、明るい蔦薔薇《つたばら》がつくりだした魔術であった。日常の時間から、ある神秘な世界に人をみちびくふしぎな力であった。

私はばかのように道のこちら側に立ってそれをじっと見つめていた。心が浄められていく感動が私を包んでいた。

しばらくしていると、その明るい蔦薔薇の垣根が、私の心のように思われてくるのだった。その心は、深くひろがって、のびのびとしている。永い間忘れていた心のありようだ、と私は気がついた。それは美しい蔦薔薇に吸いこまれて、蔦薔薇そのものになったようだった。そしてその心は、やさしさをもっていた。思いやりというか、そこに在るものたちを包むような気持であった。そこに在るものを祝福するような気持であった。そして同時に、それは無理や対立のない、まるで放心に似た緊張でもあった。私という気持も感じられない。大袈裟に言えば、宇宙的な祝福の波動というものがあって、その波動に私は自由に身を委ねている、という感じであった。

そこを通る人の美しさ、というのは、その人本来ののびのびとした姿が、そのまま、それでよい、という肯定、あるいはそのままの受容によって、生き生きと輝かされているからなのだろうか。私は、すべてのものが、ほんとうは美しいのだ、と納得した。そしてほんとうの姿というのは、祝福と感謝のまなざしで見られたときだけ現われてくるもののようであった。

こういう心が「祝福」と言っていいならば、祝福とは、存在するものを端的に肯定する——存在するものをまさに存在させているようなひとつの認識、といってもよいもののようだった。自然科学の目で事物を見るよりも、もっと奥から、ちょうど、花瓶が黙って花を支えているような無私の認識のようであった。そういう眼《まな》ざしのまえで、人々は、まるで、はじめて生まれたようなういういしさと、他の誰によっても置き換えられない独自性を持って、それが、美しい姿として生まれるのだった。

こうした静かな感動のなかに立っている私自身も、私自身がこれまで知らなかった私のように思えてきた。

ともあれ、私は、清々《すがすが》しいよろこびを体験した。そして、それをこうした詩に書いた。果たしてこの感動がひとに伝わったかどうか、それは判らないけれども……。

心の応接間（5）

以前読んだ本のなかに、こんな話がある。

少年が息せききって走って家に帰ってきた。

「お母さん、きょうね、友達のヒトシ君が高い穴におっこちちゃってね、大変だったんだ。手をのばしても届かないんだ。それで、ぼく、上から手をのばして、やっとその高い穴から引っぱり上げたんだよ」

すると、母は言った。

「そんなときはね、〝高い穴〟と言わずに、〝深い穴〟って言うのよ」

「だって、ほんとに高い穴だったんだよ。手をのばしても届かないんだもの」

この話は、言葉づかいだけの問題ではない。母は、外側から、他人事として、冷静に見ている。しかし、子供の方は、その友達とひとつの心になって、その穴に落ちた友達の目で穴を見ているのである。穴の底から見れば、地上は、深いのではなくて、高いのである。

ところで、この話を紹介した作者は、誰だったか忘れたが、ひどく熱っぽく、この二つの違いのことを述べ、私たちも、この子供のように、相手とひとつのこころになることが大切だ、と言っていた。その頃は何気なく読み過ごしたが、何故か、私の心に残ったのである。

大人は、冷静に、事態を客観的に見るが、子供は、大人よりもっと自由に、相手や、物事に夢中になり没頭する。ままごとをしていても、それになりきっている。このことは、私たちがふつう考えるよりも、もっと大切なことだと私は思う。

相手とひとつの心になることは、谷口雅春先生の教えられる〝自他一体のこころ〟である。自他一体ということは、実際に体験することによってだけわかるのである。私たちは、ふつうは、心というものを、自分の自我の心というか、自己中心の立場から見やすい。

心理学者のユングが、そういう自我中心の心をエゴと呼び、そのほかに、自我を超えた本当の自分――それは自他の分離以前の全体の心であるが――をセルフと呼んで区別している。それは仏教でいう小我と大我、生長の家でいう現象の我と実相の我ということになるだろうが、大切なことは、私たちが、そういう自我中心の心という視点を破って、広々とした心の世界に出ることである。

これは〝無心〟といってもよいだろう。将棋の名人中原誠さんは、扇子《せんす》に揮毫《きごう》をするとき、〝無心〟と書く。無心で将棋を指して勝てるのだろうか。またそういう勝負の世界に無心ということがあるのだろうか。

哲学者の西田幾多郎先生は「東洋的無心と言うことは、自己が無くなると言うことではない。物を自己となすと言うのに反して、自己が絶対者の物となることであり、物となって生き物となって働くことである」と言っている。この表現はむずかしいが、無心とは、相手になりきる、ということだと言っているのだと思う。相手というのは、人間だけではない。草や、石や、木でもよい。しかし、いったい、人間が草や、石や、木になりきることができるのか。疑問に思う人もいるであろう。しかし、出来るのである。それは簡単ではないが、エゴの心を去ったとき、なることができるのである。というより、もともと、私たちは、木であり、草であり、山であり、青空であるのである。詩人の空想ではない。私たちの心は、日本の古典で言えば天之御中主神《あめのみなかぬしのかみ》の御心の展開であり、御中《みなか》とは、そうした自他一体の根源意識である。道端に咲いている月見草も、御中から咲いている。電車の中にいる人々も、すべて、御中から咲いているのではないか。私は、たまに、電車のなかで、そういう思いで、人々を見る。ほんとうに、若者も、老人も、花のように咲いている。そんなとき、私は、早く席を取って坐ろうとか、人が混んでいやだ、とかいう心がなくなって、とても自由な気持になる。

芭蕉が、「松のことは松に習え、竹のことは竹に習え」と言ったのも、松になり、竹になる、という深い消息を述べているのだと思う。それにしても、私たちは、ややもすれば自我意識、エゴ――肉体的自己――に固着して、怒ったり、哀しんだり、よろこんだりしている。本当のよろこびは、そんな狭いところから脱《ぬ》けて、物になりきったところに生まれてくるのである。そして、ここでいう物とは、当然だが、いわゆる物質ではなく、かえって、実相であるだろう。それは芭蕉の〝物皆自得《じとく》す〟の世界である。そんなところから、きょうも、白い雲が流れているといってよい。そしてそこからさわやかな風が渡っているのではないか。

心の応援間（6）

「梨狩りにぜひおいで下さい」と言われ、教化部の車に乗せてもらい、梨畑を訪ねることにした。鳥取県、東郷町の別所というところである。

黄色に穂を垂れはじめている稲田の間の一本の道を通って山あいに近づくと、両側の山の斜面はいちめんの梨畑である。

「さいわい、台風がそれて、安心しました」

相愛会長をして、梨づくり五十年以上という河原さんは言う。ほんとうに台風一過の青空が深く澄んでいて、雲はもう秋のものである。九月六日の日曜日。たくさんの客が車で乗りつけて梨もぎをしていた。

ここで、梨づくりについていろいろ聞いた話があるので紹介しよう。

河原さんは、梨を立派に育てるために、毎年、たくさんある畑のそれぞれの中央に聖経『甘露の法雨』を下げて祀《まつ》り、聖経読誦をする。真理の言葉に、梨が感応するというのが河原さんの信念である。

植物と人間の心の感応については、アメリカ人のバックスターによるよく知られた実験がある。

一九六六年、ニューヨークに住む、嘘発見検察官のクレーブ・バックスターは、その嘘発見器の電極を椰子の樹に似た熱帯性植物のドラセナの葉に結びつけた。バックスターは検流計の針に強い反応を起させる効果的な方法を考えながら、ふっと電極をつけた葉を炎《も》やしたらどうかと思いついた。すると、その瞬間、器械の針はとび上がるように記録ペンが大きく上方に伸びたのであった。

その後いろいろ実験を繰返して、バックスターは、植物が人間の心に感応することを、科学的に明らかにした。これを「バックスター効果」という。

バックスターの実験によれば、植物とその保護者との間には、共感や親近感が、距離に関係なく起るという。彼が自宅から二四キロ離れたニュージャージーに旅行したとき、帰宅しようと決めた瞬間に、植物は、自宅ではっきりよろこびを示すように反応を示したという。

そして、彼によれば、人間が精神を集中するときに、とくに反応がよく現われるという。

植物改良家のルーサー・バーバンクが、サボテンに話しかけて、棘《とげ》なしサボテンをつくった話をご存知であろうか。インドのヨガ行者パラマハンサ・ヨーガナンダの自伝には、バーバンクが、祈りと愛によって植物の品種を無数に改良したことが述べられている。

こうしてみると、人々が真心をこめて聖経を読誦すると、植物が真理の言葉にこたえてよく育つということも、信じられてよいことなのである。

河原さんは言った。

「こうして祈って梨畑におりますと、梨の心がわかるような気がします。梨の樹が、水がほしい、とか、散髪してほしいとか、そんな気持に答えてあげれば、よく育って、いい梨の実ができるのです」

また、梨の実をつくるには、花が咲いたらひとつひとつの花に花粉を交配させるが、これは骨の折れる大変な仕事なのである。何万、何十万とある花にひとつひとつ人間の手で交配するのだから、時間と手間がかかる。しかし、大切なことは、こういう仕事に、愛をこめてやることだという。同じ仕事をするのに、愛をこめるのと、ただ機械的にやるのとでは結果がずいぶんちがってくるというのである。

河原さんは続けた。

「こうした交配の仕事というのは、人類光明化運動も同じことですね。一人一人の家庭を訪問し、真理をおつたえすること、これを愛をもって行なうことが、多くの同志をつくり、幸福の環《わ》をひろげることになるのですね」

ほんとうに、私たちは、一人一人に愛の手をさしのべて行くことによって、立派な神の子の自覚という果実を稔らせることができるわけである。

子供の教育の場合にも、心の感応ということがある。植物でも人間のこころに答える。まして人間は、親が心のなかで、子供について思っていることを感じとる。

「私の子は神の子で無限能力者である」といつも心の奥底で観じていると、それがそのまま子供の潜在意識の中で自覚にまで生長して行く。観ずることの大切さを谷口雅春先生は教えておられるが、この原理は、いのちあるすべてのものが、ひとつのいのちだから、植物にも、動物にも、そしてもちろん、人間に通じるわけである。

心の応接間（7）

出雲の指物師《さしもの》、小林如泥《じょてい》のことを書いた石川淳の文章が、丸谷才一氏の『文章読本』（中央公論社）に引用されている。その一節を紹介しよう。

《……湖畔の、このあたりに立って、宍道湖《しんじ》に於て見るべきものはただ一つしか無い。壮麗なる落日のけしきである。そして、これのみが決して見のがすことのできない宍道湖の自然である。雲はあかあかと燃え、日輪は大きく隈《くま》もなくかがやき、太いするどい光の束をはなって、やがて薄墨をながしかける空のかなたに、烈火を吹きあげ、炎のままに水に沈んで行く。おどろくべき太陽のエネルギーである。それが水に沈むまでの時間を、ひとは立ちながらに堪えなくてはならない。如泥はつねにその場に立ちつづけた人物であった。日が沈むと、工匠《こうしょう》は家にかえる。夜の時間は仕事場のものである。落日からもちかえったエネルギーは仕事に於て照って出るだろう。》（原文は正漢字・旧かな遣い）

丸谷才一氏はこの石川淳の文章を、「ただ感嘆するしかない達人の芸」と呼んでいる。たしかに名文である。しかし、私がここに引用したのは、文章の良さのためではなく、この自然の感動が与えるエネルギーについて述べたいからである。

夕暮、日が沈むときの光景は美しい。殊《こと》に山の端《は》や海に日が落ちるときは、壮大で豪奢《ごうしゃ》な光と色彩の饗宴が、まばゆく展開される。

私はこれまでいろいろな落日を見た。そのうちに、心に残っているいくつかの夕暮がある。たとえば、ハワイのコナで、海に日が没していったとき、私は息をつめて見守っていた。それは大きな空をカンバスとする古典悲劇のフィナーレを描いたように巨大で鮮麗なものだった。地元の人は、「コナの日没は世界一美しいのですよ」と言っていた。

皆さんはどうだろう。これまで、どんな美しい日没を見ただろうか。私などはずいぶん永い間、こうした自然との共感から遠ざかっていたことにおどろくことがある。美しさの体験というが、自然の衝撃的な美しさに出会うと、それは単なる審美的体験といったものではなく、生命が炎を発するような昂揚である。そして、こうした感動は何年経っても思い出すことができるものである。もちろん、その体験を完全に再現することは出来ないが、その体験の一部が、ありありと、心の中で生きかえってくる、というような感動があるはずである。

自然の美しさといっても、だから、対象とする自然そのものが美しい、というより、それを受けとる心の準備が出来ているときに、その美しさというものが経験できるのではないか。

コナの海の日没が世界でいちばん美しい、というより、コナの人々が、そういう思いを持っており、その気持で人々は夕陽を眺める。そうすると、やはり途方もない美しい夕暮はそこに出現する、ということになるだろう。

石川淳の文章のなかにある「落日からもちかえったエネルギー」という表現は、ほんとうに美に打たれた人にはよくわかることである。私たちは、自然の美しさに打たれると、何かしたたかな力を与えられる。それは心を洗う浄化作用のようなものであり、生きていることのかけがえなさの感じであり、合掌したくなる心とでもいったらいいだろうか。なにか名状《めいじょう》しがたく、それでいて、非常に明確なものである。

私たちは人生において、時として、自分を振りかえった場合満たされていないことに気がついたりする。それは別に不満というものではないようである。あれこれの希望はかなえられ、よろこびも、充足もまあまあある。だから不足ということはないのである。それなのに、何かしら満たされていない、と感じることがあるとすれば、それは、生命の充実がたりないのである。生命の充実とは、それならば何だろうか。

私は思うのだが、そのうちの、すくなくとも一つは、一瞬一瞬をしみじみと受け容れ、過ぎてゆくものを愛惜することではないだろうか。それは、生命の愛惜である。明日への思いわずらいに浮足立っている心を、ふと反省して空っぽにするとでも言ったらよいだろうか。そんなとき、窓を見ると、美しい雲が流れている。それはなんという豊かさだろう。そしてその豊かさに気がつくとき、その静かな心に立ちかえったとき、家族の一人一人が美しい、尊い存在であることが分かるのである。そのことが刺すように深く心にしみこむとき、生きていることは祝福されて生かされていることだ、と気づくのではないだろうか。

心の応接間(8)

ある人が、冬の寒い朝、部屋に入ってあたたまろうと、じゃばら式のスチームの傍に寄った。そのとき、まちがって手がそのスチームに触れた。「あつい!」とすごい声を出して彼は手を引いた。そして、スチームに触れた部分に、ひどく大きな火ぶくれができてしまった。しばらく部屋にいたが、部屋が暖かくならない。変に思ってその人の友人が、そのスチームにちょっと指先をふれてみた、なんと、そのスチームは熱いどころか氷のように冷たいのだ。まだスチームを通していなかったのである。つまり、その人の極端な冷感覚が、瞬間的に熱いという錯覚を起させたのだった。こうして、〝熱い〟という意識が、生理的にリンパ液を患部に送ったわけである。このことは、私たちの生理現象が、信じたことに従って現実の形をとったということを示している。この実例は『企業にとって人間とはなにか』という著書を書いた小野浩三さんが、実際にあったこととして同書のなかで述べている。

間違いや錯覚であっても、ほんとうにそうだと信じ込めば、その信じた通りに人間の体は生理的に反応する。このことは、私たちにいろいろのことを教えてくれる。『生命の實相』には、真理の本を読むことによって病気が治った多くの実例がある。いまの時点で考えるなら、精神身体医学も常識化しているから、理性的に納得できる実例も多い。しかし、この『生命の實相』は、今から七十年も前に刊行されたものである。当時は、医学は肉体的疾患の原因は肉体だけに求められ、精神から肉体へという、心が生理に及ぼす原因の方の研究は、なおざりにされていたといってよい。

しかし、食物の消化を例にとっても、「おいしいな」と思えば唾液の分泌がよくなり、そんなときに、何か小言を言われたりすれば、とたんに食欲はなくなり、唾液の分泌も減少する。精神から肉体へという原因、結果の法則は、日常つねに経験されていることである。たとえば私はいま、原稿を書いているが、ある文字を書こうと思えば、その通り指が動いて文字が書かれるわけである。こんな自明なことが、無視されていたのである。

さて、最近では、医学も進歩し、心の領域についての心理学的知見も豊かになってきた。しかし、七十年前には、『生命の實相』で説かれていることと、当時の学問の述べるところとは、だいぶ隔りがあった。

ところで、子供の成績を良くすることは、親にとっては重大な関心事である。『生命の實相』で説かれている教育の原理は、まず、子供の実際の成績はどうであっても、子供のうちにある無限能力、無限の可能性を認め、信じ、それをコトバで表現して、子供本人にも自分のすぐれた可能性を信じうるようにさせれば、そのすばらしさはやがて花開くという原理である。

この原理は、肉体のサイバネティックス機構の研究という形をとって、実証されはじめている。サイバネティックスというのは、目的を成就するために自動調節機構をもつ構造のことである。人間の肉体は、こうしたコンピューター式サイバネティックスだというのである。そして、その肉体は、目的さえ明確に示しておけば、必ずその目的を達成するように働くというのである。健康になりたければ、「健康」という目的に心を完全にセットすればよいのである。目的というより、健康であると信ずる、といった方がよいだろう。ところが、人間は、始終その信念を変える。健康を信じている次の瞬間、病気になるんじゃないか、と不安になる。こうして、人間はいつもでたらめに信念のスイッチを切りかえるので、いろいろな病気などをひき起すというのである。

同じように、自分は頭脳は優秀である、と深く信ずれば、その信じた程度にしたがって実際に頭脳が明晰に働くようになる、という。大切なのは、心の底から優秀であることを信ずることで、中途半端に信じたり、また疑ったりすると、それに従って思うような結果は出ない、という。そして、このサイバネティックス学説では、人間が幸福になり、そのすばらしい可能性を実現するためには、「人間観」を変えるのがよい、と勧める。

どのように変えたらよいかというと、善悪二元論的人間観ではなく、「人間は神の似姿である」と信ずるキリスト教の人間観だという。

このようにして人間が「自己像」を高め、神性そのものこそ人間の本質なのだ、と信ずることが、人間の願いを成就し、幸福なすばらしい自他を実現する道である、というのである。

これはまるで『生命の實相』の真理を解説しているような思想であるといってよい。

心の応接間（9）

前にも触れたが、画家の東山魁夷氏は、随筆集『風景との対話』（新潮社）で、じぶんが〝風景に開眼した〟体験のことを書いている。

戦争中のことだという。ある日、熊本城の天守閣跡に登って、肥後平野の彼方に、阿蘇の裾野が霞んでいるのを眺めたとき、たいへんな感動におそわれたという。氏は書いている。

《なぜ、今日、私は涙が落ちそうになるほど感動したのだろう。なぜ、あんなにも空が遠く澄んで、連なる山並みが落ちついた威厳に充ち、平野の緑は生き生きと輝き、森の樹々が充実した、たたずまいを示したのだろう。》

いつも見過ごしていた風景が、おそろしいほど美しく氏に迫ってきたのは、何故だったのか、氏は反省している。そして述べている。

《あの風景が輝いて見えたのは、私に絵を描く望みも、生きる望みも無くなったからである。私の心が、この上もなく純粋になっていたからである。死を身辺に、はっきりと意識する時に、生の姿が強く心に映ったのにちがいない。》

これは、氏が何か異様なことを言っているように聴こえるが、死を身近に意識するというのは、これまで、ともすれば空疎な明日への想いに拡散していく心を、現在に収斂《しゅうれん》させ、二度と帰らない時間の一期一会に目ざめた、とでも言ったらよいのかもしれない。ひとは、こうした絶望を介して美に開眼することが少なくない。林武さんも『美に生きる』(講談社)のなかで、そうした体験を語っている。

しかし、私たちは、美しいものに開眼するのに、絶望を通さなければならないとは限らない。それは絶望をも通りぬけて、というか、自分が、これこそ確実な自分だ、と握っていたその自分を放ち去り、つまり、絶望する自分自身を乗りこえることによって、身心脱落——現象存在がその「空性」をあらわにしてその無の関門を超えて、「実」なるものが迎えられる、という体験もあると思うのである。

それは、たとえば、「ありがたい」と感謝する心なのだと思う。ありがたいというのは有ることが難いということであり、「存在」することを平然と受けとるのではなく、存在するものを、贈りものとして、おどろきをもって受けとることとも言えるだろう。

こうした感謝の心で事物にふれるとき、事物は本当の美しさを現わす。それは、事物の中から、神や仏が輝きでるのだとも言えるだろう。しかし、何《いず》れにしても、そうした感動は、深い徹底した観照を必要とするものである。

こうした深い世界を感ずるためにも、私たちは、風景から学ぶことが必要だと思う。

私は、秋の一日、高尾山に登ったことがある。美しく澄んだ秋の陽を浴びて、山々は金色、紅色、黄色、などがそれぞれの濃淡を示して炎《も》えていた。そしてふり返ると八王子であろうか、東京都の都会が見え、目の前には重層する山脈など、自分をめぐって大きな風景が開かれていた。

なぜかその風景を見ていると、心のなかのゴミのようなものが洗われるのを感じた。大きなものを自分の腹の中に収めたような爽やかな感動だった。日常の生活では、部屋とか電車の中とか、狭いところで生活することが多いので、つい、心の方も狭くなりがちである。そうしたとき、たまに、大きな自然の中に身を置いて見ることはたいへんよいことではないだろうか。

子供の教育というが、たまには、家族がそろって、郊外に出て、丘に登ってみる、などということも愉《たの》しいことだろう。「風景から学ぶ」というが、私たちが風景と呼ぶのは、自然の一部であり、人間もまたその大きな自然の一部なのだから、たまには自分自身を風景のように外から眺めてみるのも面白いのではないだろうか。雲や、樹木を眺めるように、自分を眺めてみる、ということは詩人だけの体験ではない。そんなとき、名状しがたい美しさ、実相の開顕を体得しうるかも知れないのである。

こうして、自然から学ぶとき、私たちは身体と心の健やかさを回復する。大きな青空やあたたかい大地に自分を解き放つとき、生かされているよろこびと深い感動を体験することができるのである。

エッセイ4

無心について

正月、本屋の店頭で、題名にひかれて手にとったのが日本経済新聞社刊行の『心の時代』という対談集だった。花王株式会社の社長丸田芳郎氏が、各界名士と対談したものが集録されている。

そのなかで、画家の東山魁夷氏との対談の箇所で、東山氏のことばが印象的だったので、その本を買い求めた。

東山氏は次のように言っている。

《……いい絵を描こうなどという気持ちで旅をしていても、自然はちっともいい表情を見せてくれないものです。

無心になって、自然のなかの生命の現れを感ずるとき、すばらしい表情を見せてくれるような気がいたします。……

無心になって、自然と自分とは根が同じだと感じられるようになったとき、とらわれていた自我から解放されて自然と一体になるように思います。》

氏が言うように「無心になる」とか「自然と一体になる」ということは、あっさり読み過ごすほど平凡なことではない。同じ〝無心〟ということばを使っても、東山氏には、そこに永年の修練の結果としての何とも言えない重みがある。〝無心になること〟を生涯を通じて行じている画家としての体験を、私たちは読みとることができるだろうか。だいたい、こうした心の世界をあらわすことばは、〝地図〟のようなもので、大切なことはこの〝地図〟によって実際に歩いてみることだろう。

同じことが宗教の悟りをあらわすことば、〝実相の自覚〟とか、〝自他一体を知る〟といったことにも言えるだろう。こうしたことばは使う人の、それこそ自覚の程度によって様々だからである。

作家や詩人なら自分の心の世界の襞《ひだ》をいろいろなことばで表現しようとするが、宗教家や画家などは、たやすく言ってのける。だからこんどは私たちの側で、その人の世界まで辿って行かねばならない。

詩人のリルケは、〝無心〟になってものを見つめることの大切さを書いており、実際そうした〝見たもの〟を作品にしている。評論家の小林秀雄は、この問題をほとんど生涯の課題としていたといっていい。美の不立文字《ふりゅうもんじ》の世界をどのようにことばで定着するか。だから、小林秀雄の、美についてのエッセイでは、〝日常の言葉を棄てよ〟とか〝もっと感動せよ〟と言いつづけているようである。彼の文章の難解さの原因は、そうした言葉を超えたものを、ことばに定着しようとするとき、どうしてもそうなってしまうという一面があると思う。

ところで、私もひそかに練習していることがある。それは、青年時代からつづいていることなのだが、道を歩きながら、まわりのものを見るときの心の姿勢のようなものについてである。最近はどの道も車が多く、うつけて歩いていると轢《ひ》かれる心配があるから、神社の境内とか、広い歩道とか、車のこないところを選ぶ。その練習というのはこうである。

歩きながら、木や、草や、花などを見るが、見ている自分を見ているもう一人の自分というものを想定して、そこに自分を置いてみるのである。別に言えば、見るもの――見られるものの対立の外側に、それを包むような自分を感じて歩くのである。それは大変な努力がいる。努力というとおかしいが、努力しないことの努力といったようなものである。

そしてあるとき、ふと、私と木立《こだち》とをつつむ、大きな世界のようなものをはっきり感ずる。それは名状しがたい美しさであり、その美しさこそ、事物の本当のすがただ、と私に知らせるのである。そしてそこには、私としても東山氏のことばのように〝自然と自分とは根が同じだ〟と〝感じ〟られるのである。もちろん、その〝感じ〟の程度は浅いだろうが、東山氏は、〝あれ〟を言おうとしているのだな、という見当だけはつけられるように思えるこのごろである。

〈知〉の新しい波——精神世界の動向をたずねる

世論調査の示すもの

ＮＨＫが一九八四年（昭和五十九年）『日本人の宗教意識』としてまとめた世論調査では、一九七五年（昭和五十年）前後から日本人の〝宗教回帰〟が始まったと述べている。そしてそのなかで、とくに若者たちの意識動向について、彼ら若者は「宗教」という言葉をきらい、「宗教を信じている」という者はすくないが、実質的には、宗教的であるとして、若者たちが〝神秘的なもの〟を非常に信じているという調査結果を報告している。

それによれば、こうした若者の意識を証拠立てるものとして、次の三点があるという。

第一に、十代の若者のうち、七六パーセントは「死後の霊魂」が「確かに存在する」か「存在するかもしれない」と思っている。そしてこれは国民平均の五四パーセントを二〇パーセント以上も上回る数字である。

第二に、「虫の知らせなど、超自然的能力」が存在する（かもしれない）と思う人も、三十代以下の若者に多い。

第三に、老人に少なく若者に多い傾向を最もよく表わしているのは「UFO」の存在についての質問結果である。この場合、十代の若者では、三九パーセントの人がUFOは「確かに存在している」と思っており、「存在しているかもしれない」という人を加えると、じつに七〇パーセントが、〝UFOの存在説〟に傾いているとしておどろきをあらわしている。

さらにこの報告は、UFOの存在を信じることが「宗教」と結びつくかは必ずしも定かではないが、今の若者たちが、かなり〝神秘的なもの〟に傾斜していることは確かである、と結んでいる。

またこの調査は、その結論のところで、この〝宗教回帰〟という現象と結びつく精神動向として、戦後の大前提となってきた規範を支持する人が減ってきたという、大きな歴史的流れの変化に言及している。そしてそれを示すものとして、戦後ほとんど絶対視されてきた科学の価値が相対化され、その「限界」がいろいろ言われていること、これまで日本が見習ってきたアメリカやヨーロッパというモデルが「ある種の行き詰まりを見せている」ことを指摘している。

たしかに、この世論調査は、日本人の宗教意識の変化を浮き彫りにしているようである。しかし、こうした現象をさらにくわしく見ようとすれば、いわゆる〝精神世界〟といわれるひとつの流行とも言えるジャンルの拡大について語らねばならないであろう。

もっとも、こうした精神動向を知るには、別に深く考えなくとも、最寄りの書店に行って本棚を眺めて見さえすればよい。

書店の本棚で

まず、戦後しばらくは、片隅に置かれた宗教関係の本が、いまやその数がずいぶん増えていることに気がつく。そして、そこで特徴的なものは、仏教の本が多いことである。それにくらべて、カソリックとかプロテスタントという正統のキリスト教に関した本はあまり変化が見られないようである。そして、本の種類としては、学問的というよりは、解説とか入門、ハウツウものといったとっつきやすいものが多いようである。

それよりもはっきり分かる変化は、宗教の棚のほかに〝精神世界〟の本といったものがおびただしく氾濫していることである。ちょっと見ただけでも、それは〝マジック〟、〝死後の世界〟、〝カルマ〟、〝謎の××〟、〝ヨーガ〟、〝超能力〟、〝瞑想〟、〝オカルト〟、〝自己啓発〟、〝神秘〟、〝気〟、〝太極拳〟、〝占い〟、〝易〟といった類いである。

もちろん、こうした〝精神世界〟の本の増加は、もう十年以上も前からの傾向で、今更おどろくには当らないかもしれない。

一九七〇年（昭和四十五年）当時、私がカリフォルニアの書店で、この〝精神世界〟の本の洪水に出会っておどろいたが、おなじことが数年おくれて日本にもあらわれてきた。だからこれは日本だけの問題ではないようである。若者たちを席巻《せっけん》したドラッグ体験がＡＳＣ（意識変容状態）の研究を生み出し、日常意識以外のリアリティーの探究に関心が寄せられたことや、第三の心理学といわれるヒューマニスティック・サイコロジーがいわゆる「至高体験」をテーマとして研究したことなど、アメリカにおいても、いろいろ理由はあったようである。

最近では、この〝精神世界〟の本の中に、地球の生態系の破壊の問題を扱ったエコロジー関係のものが加わってきているようである。これは大変大きな問題である。そのほか、これから紹介するニューサイエンスを頂点とする科学やそれに類するものもふえている。

この〝精神世界〟の本を分類してみると、

一、興味本位の好奇心レベルのもの。

二、自己実現やセルフコントロールといった自己の内面志向のもの。

三、癒しを目的とした心身の健康に関する本。

四、神秘学や悟りに関する本。

五、学者によって書かれた専門的な本で理論的なもの。

六、その他

これらが、ひとまとめで〝精神世界〟と呼ばれるようになったのは出版社の宣伝だけによるものではなかったようである。これらは、対象やアプローチもバラバラだが、どれも、〝こころ〟や〝意識〟や〝霊魂〟といった非物質的な世界を探求し、結論的に人間の非物質性とでも言うべきものを示そうとしているからである。

現代において、こういう問いが多くの人々の心のなかに生じていることは、広い意味で人間の霊性を示すものと言えるかもしれない。ともあれ、現代の若者たちが、日常性の背後にあるふしぎなもの、神秘的なものにひかれるのには、それなりの理由はあるのである。もちろん、〝精神世界〟といってもそこには軽信やペテンや横道もいっぱいあるようである。

こうした動きのなかで、今いちばん知的な層で問題にされているのがニューサイエンスである。

ニューサイエンスについて

『現代思想』（青土社）は一九八四年（昭和五十九年）一月号で、「ニューサイエンス〈知〉の新しい波」というタイトルで「ニューサイエンス」を特集した。また『空像としての世界』（青土社）という単行本では、このニューサイエンスがくわしく紹介されている。内容は科学の専門にわたる議論が多いので、この分野の素人である私には荷が重いのだが、この単行本『空像としての世界』の編者であり、トランスパーソナル・サイコロジーの専門家ケン・ウィルバーの序文にもとづいて概略を紹介しよう。

ことのはじめは、スタンフォードの神経外科医カール・プリブラムが、脳の記憶と機能を研究するうちに、脳はいろいろの点でホログラム（完全写像記録）のように作用するという結論に達したことである。

ホログラムというのは、《レーザーの開発によって可能になった新しい写真法で、カメラなしに写真を写すことができるもの。ホログラフィーで写した写真乾板《かんぱん》は、そのまま目で見ただけでは星雲状の円とか渦が模様をなしているだけである。だがこの縞《しま》模様のなかに、きわめて解像性のよい三次元の実像と虚像をつくるのに必要な情報がたくわえられている。これをホログラムという。このホログラムが形成された写真乾板を分割していくつかの小部分としても、その一片一片が被写体全体を再現できる情報を持っている。》(『世界大百科事典』平凡社、要約)

ところで、脳がなぜホログラフィーのようなものなのか。それは、脳を研究した結果、脳は、特定の記憶がある部位に固定化されず、脳全体に分布されているからだという。

このプリブラムの研究は、英国の物理学者デヴィッド・ボームが物理学において達した結論と一致していた。ボームは、「原子物理学」と「量子ポテンシャル」を研究するうちに、時間・空間のうちにあって、それぞれ離れていて、連続していないように見える物理的実体は、実際は、ある内にかくれた根柢的なかたちで連結され、統一されていることを発見した。つまり、別々に離れている事物や出来事から成る現象の奥には、〝分割されることのない全体性〟が内蔵されているというのである。そのことは、物理世界自体がひとつの巨大なホログラムで、各部分は全体のうちにあり、全体は各部分のうちにあるということを示すものであるというのである。

こうした理論が正しいものかどうかについては明らかではないが、問題は、こうした考え方が、多くの専門家の賛同を得て、現在大きな思想潮流となっていることである。

たとえば一九七九年にはスペインのコルドバで、ニューサイエンスに関心を持つ学者五十名が集まって「科学と意識」と題するシンポジウムが開かれた。また一九八四年十一月、筑波大学で日仏協力で「科学と精神」をテーマとしてシンポジウムが開かれた。これらはニューサイエンスの流れの一つを示すものであった。

さらに、われわれの注目をひくことは、このニューサイエンスが主張する世界像は、真に存在するものはバラバラの個であるという従来の西欧の主流になっている思考とは根柢から対立するものであり、むしろ東洋の宗教が説く、一即多や相即相入という原理を示すものだからである。

このようなニューサイエンスについて、ユング心理学者の秋山さと子さんの言葉で要約してみよう。

《……固定した、触れられ、見られ、聞かれる世界は幻覚であって、それは表示化され、映画を見るように存在している一種の影の世界であって、その背景には隠された秩序があり、この内蔵されている秩序から、すべては展開する……そこで、脳とは、ホログラフィ的宇宙を解釈する一種のホログラムだという言葉に到達することになる。言葉を置き換えれば、識とは幻像を現出する宇宙機構のサインを解読するための、一種の幻像的機構である……》(『現代思想』一九八四年一月号一九六頁)

あたらしい科学と宗教

この世界は、映画の画面のような幻像であって、その背後に、隠された秩序があるという結論は、谷口雅春先生がこれまで説いて来られた世界像に照応するものである。「近代科学の空即是色的展開」（『生命の實相』頭注版第1巻）以来先生は、現象ナシ、物質ナシ、この世界は、三次元映画の像のようなものと説かれた。そして、実相世界は、次のようである、と先生は述べられる。

《――彼岸――実相の世界というものは、実に不思議なる世界で、そこにある事々物々はすべて物質ではなく霊的存在であり、相即相入の世界。相即相入、互《たがい》に一つなんです、互に一つである。すべての人間が別々のように見えておるけれどもみんな一つである。こういうものの考え方は、これは華厳《けごん》哲学にある考え方なのであります。》（『新版　真理』第七巻九頁）

ニューサイエンスの知見によれば、

《霊妙な宗教体験、神秘的な全一性や「至高の同一性」の経験は、その内蔵されている普遍的な基底のなによりもまっとうな経験であるといってもさしつかえないことになろう》とケン・ウィルバーは述べ、さらに《……いずれにせよ現代の科学はもはや霊を否定してはいない。しかもそのことは画期的なことである》（傍点は引用者）と、この『空像としての世界』の序文を結んでいる。

今や、このニューサイエンスの語るところによれば、宗教的体験は〝神秘〟であるというよりは、実在の真の体験であり、正しい〝認識〟である、ということになるのではないか。ニューサイエンスは、学界全体で認められているわけではない。しかし、こうした宗教と科学の新しい友情関係がはじまったことは、よろこばしいことである。こうして宗教が、独善のカラを破って、科学に対して開かれた姿勢を示せば、科学は、機械論とか還元論という古いパラダイム（思考の枠組）を棄て、真実の世界を科学の方法で探究して行くことになるであろう。

このホログラフィーのパラダイムは、今や、量子論や素粒子論や神経科学の領域をこえて、認識論、存在論、意味論、情報理論などの各分野、また心理学、社会学、人類学、倫理学等の各地平、さらに、これまで科学で踏み込めなかった超常現象の解明にも向かっているという。

ともあれ、こうした思潮を概観してみると、前述のＮＨＫの分析が述べた若者たちの動向も、日常の世界を超えた〝超〟の世界に対する関心としてみれば、それは宗教的であるとともに、科学的な志向もふくんでいるものと受けとることができよう。人間が地球の収奪者として、自然帝国主義をつづけ、核戦争の危機をはらむ世界の状況が迫れば迫るほど、人々が新たな祈りや、ロマンや、ＳＦ的探求におもむいても、それは決して不自然ではあるまい。

このように、世界的に、新しい精神の潮流が見てとれるのであるが、こうした流れが、私には『生命の實相』に説かれている真理の開顕に向かっているように思えるのである。

私と「生長の家」と「超能力」

ある日、吉祥寺の東急デパートで古書展があったので見に行った。「心霊研究」に関するなつかしい本があった。カミーユ・フラマリオン著・大沼十太郎訳の『未知の世界へ』、『死とその神秘』。ほかにメーテルリンクの『未知の賓客』などもあった。だが、値段を見てびっくりした。一冊は一万七千円、他は一万円だった。

こんなに高い値がついている古本（フラマリオンの二著は、それぞれ一九二四年、二五年の刊）には、それなりの価値が認められているからなのだろう。

実は、私がこうした本をはじめて読んだのは、一九四三、四四年頃で、当時は仙台の旧制高校と東北大学の学生時代だった。そしてその頃、私は「生長の家」にふれたのだった。これらの本は「心霊研究」や「心霊科学」とか「心霊学」とか言われていたが、今の「超心理学」の前身だったわけだ。（アメリカのデューク大学でライン博士がESP実験をはじめたのは一九三〇年、「生長の家」の発祥の年にあたる。一方「心霊研究」の方は、有名な北米、ハイズビルのフォックス家幽霊事件が、一八四八年にさかのぼる）

そのころ、どうしたことか、私には、一種の超能力めいたものがあったことは既に述べた。

ある夜、家族がそろって夕食中のことだった。私はふと立ち上がった。自分でも理由がわからないで、台所へ向かった。別にもの音が聞こえたとか、匂いがしたとかいうわけではなかった。台所は、食事をする部屋からは二部屋離れていた。台所へ行くと、炭箱が燃えていた。コンロから火が飛んだらしい。その火は板の間を焼いて、障子に移る寸前だった。

その当時、私は谷口雅春先生の書かれた本を手当り次第に読んでいたが、道を歩いていて、ふいに本屋に入りたくなって、わざわざ戻って本屋に入ったりする。すると、足が自然にある書棚に向かう。手をのばすと、そこにはきまって谷口雅春先生の著作や、心霊関係の本があった。

霊界は実在する

そんなふうにして、私は「生長の家」の本と心霊研究に関する翻訳書をずいぶん手に入れた。心霊科学の関係書だけで百冊以上は読んだ。そして、そうした本は、『生命の實相』に紹介されている霊界通信などに関する本だった。そうした本から、私は人間の生命の死後存続ということを科学的に受け容れるようになった。そして、人間の目に見えないオーラの存在や、死後の世界、いわゆる霊界がどうなっているか、などに興味を持った。

ところがこうした種々の本が、何か非常に簡単な法則のようなものを教えてくれることに気づいた。それは、日本の古代の信仰や、エジプトの「死者の書」や、近代ヨーロッパの「霊界通信」などが、結局、霊界は実在すること、そしてそれは人間の心のつくる世界であること、人間は顕幽両界を貫いて厳格な道徳的因果律の下にあること、われわれが生きている世界は、いわば写しの世界であり、本当の原因の世界が霊界の方にあること、こういったことを教えてくれるのだった。

また、こうした本はわれわれが物質的事物と呼んでいる客観世界は、巨大な幻像のようなものであり、その背後に、真に存在する世界があること、その世界は光明燦然たる至福の世界であり、人間は宇宙的進化を遂げるに従って、こうした実在界の歓喜に生きることができる、ということを教えてくれた。それは、『生命の實相』の脚註のようなものであり、それらの本によって、いよいよ『生命の實相』の真理がわかるように思われた。つまり『生命の實相』は、近代心霊学の成果をふまえた壮大な体系だということがわかったのである。

一九四五年(昭和二十年)の春、「念写」実験で有名な福来友吉博士から直接講義を聴くような機会にめぐまれた。たまたま仙台に移ってこられた先生のお宅へ、友人と何回かおうかがいして、心霊世界や、宇宙の哲理について講義を聴いた。

また、当時、心霊研究に関心を持っておられた詩人の土井晩翠先生と奥様にも接することが出来た。旧制二高のボート部員が松島湾で遭難したことがあった。そのとき、霊媒の小林寿子婦人が、死体のある場所を霊の言葉で告げ、それが正確に当っていることが分かった。そのことから晩翠先生は心霊研究に開眼されたという。

ある日、仙台の郊外で、御霊屋《おたまや》と呼ばれる伊達家の旧邸のあるところを散歩した。小林婦人と、晩翠夫人と私の三人だった。高い杉木立の上を鳶《とび》が舞っていた。小林婦人が空を見上げて言った。「あの鳶は神様のお使いですよ。今に来ますよ」その言葉が終らないうちに、その鳶が急にほとんど垂直に舞い降りてきた。そして私たちの歩いている間を、ちょうど脇腹の高さのところを、さっと横切って行った。これは、私にとっては、常識を超えた世界の存在を確証させる一つの体験であった。

その頃だったと思う。私の親しい友人が、変な能力を持つようになった。その男が撮影する写真には、肉眼で見えないものが写るのである。人の肩のあたりに流産児らしい幼児の姿や、森林を写すと、樹の梢《こずえ》などにふしぎな生物の姿が見えた。小林婦人は、「これは天狗です。霊界の生物なのです」とこともなげに言った。

本当の超能力とは何か？

仙台では、福来先生の遺志をついで、福来心霊科学研究所がつくられた。当時東北大学金属材料研究所の白川博士を中心に、私の友人などが、写真の乾板を持って念写の実験などをやった。だが私は、ＥＳＰ（超感覚知覚）やＰＫ（念動）を自然科学の対象として研究するよりも、もっと精神科学的にアプローチする方に関心を持っていた。いろいろな体験を通して、テレパシーや透視、予知、念動（サイコキネシス）などが事実であることを疑わなかった。だが、これを他人に納得させることは、単に科学的データの積み重ねではなく、その人の世界観に問題があるように思えたのである。この世界を唯物論的機械観で見ている人は、なかなか超常現象を信じようとしなかった。その反対に、なんでも信じてしまう人々もいた。一般に、超能力というものがありうるとしても、その特定の実験が、超能力の存在を証明するとは限らない。しばしば、こうした能力者はトリックや手品を使う。また、『生命の實相』に示されているように、物理的霊媒の背後には低級霊や動物霊がいて、いたずらをすることがある。だからこうした「超能力者」は魂の高さとは無関係なものだ、ということを私は知った。

また、『生命の實相』は、予知能力などがあっても、それが役に立たず、不幸な出来事にひきつけられていく事例を教えてくれた。

《人が不幸な運命にあうのは、その人の心が不幸な運命を予知することができないからではないのでありまして……われわれの「潜在の心《おくそこ》」はわざと予知したその不幸めがけてまっしぐらにその人の身体をぶっつけてゆくこともあります。それは念《こころ》の親和力によるものでありまして、念《こころ》の向き方が不幸な事変に吸いつけられるようになっている以上は、どんなにもがいても反抗しても、不幸な事変に吸いつけられゆくのであります。》（『生命の實相』頭注版第1巻一二六頁）

だから、幸福になろうと願うならば不幸に吸いよせられて行くような心を持たないことである。この世界は「類は類をもって集まる」という心の法則がある。真の超能力者とは、未来を覗き見出来る者のことではなく、こうした法則を駆使して、明るい、大自在の境に住み得る人間のことである。こうしたことを私は「生長の家」によって知ることができた。以来、この考えは変わらない。

超能力ブームは、「精神世界」発見のための入口を示すものとしては有意義である。しかし、トランプ当てや、スプーン曲げなどでその是非を論ずるだけでは興味本位のものにすぎない。「生長の家」は、この世界は、心の世界でフィルムに焼き付けられたものが、時間・空間の三次元の世界に映画のように投影されたものであることを教えてくれる。だから、われわれは、このスクリーン上に現われるものに一喜一憂するかわりに、原因となる心の世界を浄化し光明化しなければならない。

ある手相見のこと

一九七五年(昭和五十年)頃のことである。私は東京都調布市飛田給にある生長の家本部練成道場に講話に行ったことがある。練成参加者のなかに、職業的手相見がいた。彼は私の手相を観て、私の年齢や、家族関係などを正確に言い当てた。また彼は言った。

「先生は年とってから永く外国で暮します」

彼に聞いてみると、手相をよく観ることで、はっきり未来がわかる、という。それで私は、

「それでは何故、あなたは練成を受けに来たのですか?」

と訊《たず》ねた。すると彼は、

「わたし自身の手相がよくないからです。それを変えようと思って練成を受けているのです」

彼に言わせれば、「生長の家」の練成を受け、心を明るくし、神想観を実修すれば手相そのものが変わるというのである。三ヵ月も毎日神想観をすれば、手相はすっかり変わってしまう。

たしかに、これは大切なことである。未来を予知するだけではなく、その未来そのものを変えていくことの方が、超能力としては重要ではないか。誰もが幸福を求めている。それには、ESPやPKが役に立つこともあろう。だが、もっと大切なことは、すべての人々に幸福をもたらし、大自在の境にみちびくことであろう。ここにいわゆる科学と宗教の岐路があるのかもしれない。しかし、正しい宗教は、科学的に研究が進めば進むほどその教義の真理性が保証されるものであろう。いわゆる科学と宗教の闘争というのは前世紀のものにすぎない。今や科学が進むにつれて、精神的覚醒への要求もいよいよ強まっている現状である。

ホルナディ博士が語る 谷口雅春先生の奇蹟の祈り

一九六九年(昭和四十四年)の三月、北米ロサンゼルスにあるリリジャス・サイエンス教会の創始者教会主任牧師のウイリアム・H・D・ホルナディ博士が来日された。

博士は二十二日に九段会館において谷口雅春先生と「日米合同世界平和大講演会」でスピーチをされた。

ホルナディ博士の歓迎レセプションは、たしか椿山荘《ちんざん》であったと思う。そのとき、谷口雅春先生がホストとなって、私は通訳を命ぜられた。日本語から英語へ、英語から日本語へ、食事をしながらのお二人の間に入って汗をかいて通訳をした。おいしいごちそうもどこへ入ったか思い出せないくらいだった。

その食事のとき、ホルナディ博士は、

「実は……」

といって、次のような話をされた。それは、谷口雅春先生が一九六三年（昭和三十八年）に海外御巡錫《じゅんしゃく》に行かれた折りのことだった。

谷口雅春先生は、ホルナディ博士の教会で講話をされた。リリジャス・サイエンス教会が会場を提供してくれたのである。

先生の講演会が終った翌日のこと。一人の、三十歳代の白人女性がホルナディ博士の教会を訪ねてきた。

「ここの教会でいちばん偉い先生にお会いしたい」

とこの女性は言った。

ホルナディ博士は彼女にむかって、

「私がここの責任者です」

というと、彼女は、

「いいえ、あなたではありません。あなたより偉い方です。その方は東洋人です」

それで博士は、

「ああそうですか。その方は、うちの教会の方ではありません。谷口先生といって、日本の方です。私の方で会場をお貸ししたのです」

すると彼女は、

「実は、私はその先生によって救われたのです。ぜひお礼を一言いいたいと思って訪ねてきました」

ホルナディ博士は、

「その谷口先生は、日本へ帰られました。あなたのお気持は、私が谷口先生にお会いした時、お伝えしましょう」

彼女がホルナディ博士に話した内容は、大体次のようなものであった。

彼女の主人は、女をこしらえたあげく、彼女を棄てて家出してしまった。乳飲児をかかえて、生活能力もない彼女が途方にくれたことは容易に想像できる。はじめのうちは、若干の預貯金を下ろして生活していた。しかし、やがてそれも底をついてしまった。

こうして数ヵ月経った。生活費もなくなり、もうどうすることもできなくなった彼女は〝私を棄てた夫への腹いせに、ひと思いに死んでしまいたい〟と、多量の睡眠薬を買おうとした。しかし、アメリカでは、医者の処方箋がないとそうした薬を買うことはできないことになっていたのである。

どうしようもなくなった彼女は、赤ん坊を抱きながら、ふらふらと街を歩いていた。ふと気がつくと、大きな教会の建物の前に立っていた。彼女に信仰心などはなかったが、思いあまって入ったその教会こそ、実はホルナディ博士の教会だったのである。

たくさんの人々が集まっていた。見ると、東洋人の姿をした方が話をしていた。通訳付きのお話であった。聞いているうちに、お祈りの時間になった。

皆が瞑目合掌した。彼女もまわりの人のまねをして、赤ん坊を膝にかかえたまま、瞑目合掌した。キリスト教では祈りの時間はせいぜい五分間位である。

もう終るだろう、もう終るだろうと思っていたがいつまでも終らない。手が疲れてきた。いくら祈っても、気持が集中できない。

十五分も経ったであろうか。そのとき、とつぜん、光が射すように彼女の心の中で反省が起った。

〝私は夫を愛していると思っている。しかし私を棄てた夫を今は憎んでいる。もし、私の愛が本当の愛なら、どんなことがあっても夫の幸福を祈るのが当然ではないか。自分が棄てられたとしても、夫の幸福を心から願うことこそ、真実の愛というものではないか。夫を赦しましょう〟

こんな気持になったのである。そして、夫の幸福を祈った。淋しいけれど、急に心が広々としたような、肩の荷を下ろしたような気持になった。

気がついたら祈りの時間は終っていた。彼女は、心が洗われたようになって家に帰った。ところが、その晩奇蹟が起った。夫が半年ぶりに帰ってきたのである。夫は、

「ゆるしてくれ、おまえを放っておいて申しわけない。ゆるしてくれ」

と言うのである。

彼女も、

「いいえ、私が悪かったのです。私が、あなたに本当の愛を表現しなかったからです……」

こうして二人は抱きあって和解した。あとで聞いてみると、彼女の夫は、ロサンゼルスからサンフランシスコに行っていたのであった。そして、彼女が生まれてはじめて祈ったその日の、その時に、急に〝私が愛していたのは妻だった。妻に申しわけない!〟という気になり、そのまま飛行機で妻のもとに帰ってきたというのである。

まことにも、心はひとつである。妻の心が変わったときに夫の心も変わったのである。その

祈りの時間は、谷口雅春先生の直接御指導の神想観であった。先生は、そこに、夫に棄てられた女性がいるなどということはご存知なかった。ただ実相の世界が円満で完全なこと、神様に創られたすべてのものは、智慧、愛、生命、供給、悦び、調和にみちみちていることを思念されたのである。

真理は単なる理論ではないのである。現実を変化させる力があるのだ。不完全なもの、闇は、光の射すところ消えていく。

夫婦の不調和は本来存在しないのである。その不調和をなくするには、不調和の原因を探る必要はない。ただ神に創られた実相世界のすばらしさを観ずればよいのである。

こうして、先生ご自身が知らないうちに奇蹟が起ったのであった。白人で、谷口雅春先生も、生長の家も知らない方が、喜びの体験をすることができたのである。

ホルナディ博士は、谷口先生に、この話をされた。先生は微笑みながらうなずいて聞いておられた。そして、終りにひとこと言われた。

「神様のみ業《わざ》です」

この、あくまでも謙虚な、まるでそよ風のような谷口雅春先生のお言葉と雰囲気を感じて、私は、通訳しながら、わけもなく眼《め》がしらが熱くなったのであった。

おわりに——

谷口雅春先生が御昇天になられたいま、私たちに課せられていることは、この偉大なみ教えを全相において理解し、それを宣布することだと思う。私たちは、先生が説かれ、そして実証せられたこの真理を、日本のみならず、全世界の人々にもっと力づよくお伝えしたいと思う。

エッセイ5

唯神実相論

谷口雅春先生は「唯神実相論」について、次のように述べておられる。

《生長の家独得の教えを、まず第一に哲学的に言いますと、単なる唯心論ではなくて、唯神実相論というように説かれているのであります。唯神実相論は単に、〝心〟でこの世界はできているという唯心論じゃないのでありまして、神のみが本当の実在であって、外《ほか》のものは存在しないのである、というところの、そういう哲学であります。それは同時に神は〝善〟であるから、悪は無い。罪も無い。病気も無い。（中略）われわれは罪も業もない、病いも無いという真清浄の実相の奥の院に入る。そして、さらにもうひとつ、端的にひっくるめて表現して〝現象無し〟と言う。》（『實相研鑽』第二集二五三〜二五四頁、現在品切中）

唯神実相論とは、谷口雅春先生のお悟りになられた真理の、哲学的、包括的な呼称であると言える。従って、谷口雅春先生の御著書、御講話すべてが唯神実相論を説いておられるわけである。

さて、唯神実相論についてくわしく書かれている聖典『人間そのものの発見とその自覚』（谷口雅春著）がある。この中に「唯神實相論哲学の神髄」（一一四～一二五頁）という見出しで問答形式でこの哲学について述べられている。

《問　唯神實相論とは一体どういう哲学ですか。簡単にわかり易く教えて頂きたいものです。

答　実在するものは唯《ただ》「神」と「神の生命または愛または智慧」の表現のみであって、神は善であるから実在するものは全て善ばかりである。このことが存在の「實相」すなわち「本当のスガタ」であるという哲学なのです。そしてこの哲学は一種の実証哲学であって、その哲学の人生観を持つことによって實相の完全さが現象界に写象されて幸福の世界があらわれて来るのです。》

つづいて先生はその存在の実相をどのようにして知るか、について次のように説かれている。

《私たちの唯神實相哲学では、感覚を媒介してみえる姿をアルとは言わないで、ただ或る相対関係に於いてアラワレテイルのだというのです。「実在」すなわち「本当にアルもの」は五官の感覚以上のものなのです。》

さらに先生は、実在が五官で捉えられなければ、何によって「実在」を捉えることができるのですか、という問いに対して、

《「何によって」ではないのです。何にもよらずして捉えるのです。このことが非常に大切なことなのです。感覚器官という媒介によって捉えたものは「ものそのもの」ではなく、「この感覚器官を通して見ればこう見える」という相対認識に過ぎないのです。（中略）はだかの生命そのものになり切って、自分の生命と実在の生命とがカチカチと触れることによって実在が把握されるのです。これを絶対実在の絶対認識と私たちは言っているのです。五官による証明を待たないのです。》

このように感覚を超えた実在をどのようにして捉えたらいいのだろうか。私は青年時代、このことについて大変悩んだ。

私は『生命の實相』を読んで肺結核から立ち上がることができた。そして他の人々に生長の家の話をすると、人々が健康になった。私はこの真理のすばらしさを信じていた。しかし、『生命の實相』を読んでも、肝腎《かんじん》の「実相」がわからなかったのである。神想観をすれば実相がわかると教えられているから一所懸命実修もした。しかし、足のいたいことだけがわかっただけだった。私は真理を実感しようとさらに努力した。また私は、自分は罪深く汚れたものであり、とても神の子などとは言えないものだという感じから抜けきれなかった。

私がこうしたトンネルから出ることができたのは、数年にわたる悩みの末のことであった。ある日、大学の校庭を歩いていたとき、ふと気がつくと、歩いている私の数歩うしろの一メートルほど高いところにもう一人の私がいる。そしてその私が、いま歩いている私に、ちょうどよちよち歩きはじめた子供を気づかって見守る母親のように優しい眼《まな》ざしで見ていたのである。

そのときとつぜん、私は歩いている方の私でなく、もう一人の私になっていた。そして、そこにある草や、木や、建物や、青空や、雲など、それらのものがすべて私の中にあったのである。私は厖大《ぼうだい》な空間そのものだった。そしてそこにあるものは生命の悦びに光り輝いているのだ。すべてが生きていた。生きているとは何というすばらしいことなのであろう。自他の区別をこえてすべてが聖としか言いようのない大交響曲であった。

私はそこに何分いたのか何時間いたのかわからなかった。私はやがてそこに立っていた私を発見した。

この体験は、私から〝汚れたもの〟という意識を完全に取り去ってくれた。それは泥だらけの裸にシャワーを浴びたような感じであった。見る見るうちに泥は流れ去った。そしてきよらかな神の生命が私の中を滔々《とうとう》と流れていたのである。

〝そうだ、人間は神の子だ、尊い神のいのちをいただいているのだ！〟

新たに生まれたよろこびのうちに私は確信をもってこう言うことができたのである。

以上は私の体験である。言葉で表現すると、その時の深い感動は言いあらわせないというもどかしさを感じる。

ともあれ、人々はそれぞれ独自のかたちで実相を体験する。しかし、どんなすばらしい体験も、それは「実相」の全相を知ったことにはならない。私たちの生命の永遠の生長は、この真理を自覚していく過程なのである。

実相世界とは、「実在」する世界であり、それは単に観念的存在や神秘的世界を意味するものではない。むしろ私たちの日常意識が捉えるいわゆる客観世界こそが、主観によってゆがめられた変転する幻影の世界なのである。

谷口清超先生は、『善意の世界』の「実相を観る眼」という章で、実相を美しい風景にたとえておられる。

《ちょうど霧が晴れて、美しい風景が見えて来るように、現実に「よきもの」が現れて来る。このような時われわれは、霧がかかっていても、そこに現に美しい風景があることを知っているであろう。つまり、霧が晴れるにつれ「美しい風景」がつくられて行くのではなく、霧が美しい風景を覆っているだけだという事を知っている。美景は前もって既にあるのだ。それがしだいに、或いは忽然として現れて来るだけなのである。》(一八頁)

また『智慧と愛のメッセージ』にも「霧の背後にあるもの」という御文章で、同様のことが述べられている。

私たちは既にある美しい存在を、迷いという霧の切れ目を通してかいま見るのである。霧の背後にあるものは、唯神実相のすばらしい世界である。迷いの霧が吹き払われるにつれて完全に実在が顕《あらわ》れてくるのである。

神と、このようなすばらしい実在・実相だけがある、というのが「唯神実相論」なのである。

万教帰一の教え

七つの灯台の点灯者

「万教帰一」については、七つの光明宣言の第一に、「吾等《われら》は宗派を超越し……」と謳《うた》われているように、これは生長の家の独特の教義の一つである。生長の家が人類光明化運動として、日本だけでなく、ブラジルを含む海外において発展しているのは、この独特の教義が受け容れられているためといえるだろう。

谷口雅春先生が一九七三年(昭和四十八年)、第二回の海外御巡錫をされたとき、ペルーのリマの空港で、テレビやラジオ、雑誌、新聞の記者が大勢来て、記者会見をされた。

そのとき、記者が次のような質問をした。

「生長の家では万教帰一といいますが、それは凡《あら》ゆる宗教を生長の家の教えで統一してしまって、そして他の宗教を抹殺する意志をもっているのと違いますか」

先生は、それに対して大要次のようにわかりやすく説かれた。(内容は要約してある)

「生長の家では『この神を〝七つの灯台の点灯者〟と呼ぶがよい』という神示がありまして神みずから灯台に灯をとぼす者だと仰せられているのであります。灯台というのは世を照らす光のことでありまして、宗教のことを意味しています。七つというのは、七日間で神様が天地の創造を完成されたという神話に基づいて、全てのすべてという意味で、すべての宗教のことです。その宗教が、いまはキリストが行なったり釈尊が行なったりしたような奇跡が現われてこないのは、それらの教えは立派であるけれども、それが次から次へと伝えられているうちに、だんだんと元の教えから遠ざかって、自分の考えというものが入ってくる。

ちょうどそれは灯台の窓に埃《ほこり》が積って折角灯台は在りながら、光が航行する船を照らして導くことができなくなっている。

そういう灯台を、われわれ生長の家は、灯台の窓ガラスを拭《ふ》いてあげるのです。そしてその灯台が教祖の時代のように光が明らかにでるようにしてあげる。これが生長の家なのでありま す」

これに対して、次の新聞記者は、

「いろいろの宗教が、種々の教説をもっており、異なる教義をもっているのが、どうしてそれが一つに一致するのですか」

といって質問した。

先生はそれに対して大要次のように答えられた。

人間の設計は同じ

「人間はみな顔や内臓の形から構造から人体全部に至るまでその設計が同じである。同じであるとすると、その製造元が一つであるということの証拠でなければならない。そうすればその同じ製造元によって造られた人間が救われる真理も、一つの共通的な真理でなければならない。その共通の〝救いの光〟を指し示して、点《とぼ》し、その各々の灯台に、輝く光を出させようというのが生長の家であって、決して他宗を排斥というようなことはいわないのであります」

するともう一人の記者が、

「どうして異なる教義をもつキリスト教や仏教やイスラム教が一つになることができるのですか」

それに対して先生は、金の鉱石に喩《たと》えて真理の共通を説かれた。

「ペルーにも有名な金鉱がある。ブラジルにも有名な金鉱がある。ところが産地によって金の原石は異なって見える。しかしどの金鉱にもやっぱり同じ純金が宿っている。それと同じように現在存在する宗教はいろいろの宗派或《あ》るいは教派に分かれて争っている。それはしかし、各宗教の神髄が異なるからではなく、その宗教の発生した時代や、民族の風俗常識などの背景が異なるからである。

しかしながら、そういう時代の背景を抜き去って純粋の真理だけにしたら、各宗の真理は一つの共通なものになる。そしてどの宗教の奥にも皆立派な人間を救う真理があることがわかり、互いの宗教が争いを止《や》め、拝み合うことができるようになる。そのようにならせるために生長の家の教えというものがでてきたのであります」

先生はまた、共通の真理をビタミンにたとえて説明された。（この喩えは一九七三年、先生がブラジルで講話をされた内容を本にしている聖典『奇蹟を生ずる実相哲学』の上巻一七頁に掲載されている）

谷口雅春先生は、ペルーからつづいてブラジルにまわられた。そして同年の六月二十四日、イビラプエラ体育館で一般講演会の第一回が行なわれた。この時の模様については先生は、《その光景は私が書くよりもサンパウロ新聞が誇張でなく精確《せいかく》に書いているので、その記事そのままを次に紹介する》として『聖火ハワイ中南米を翔《か》ける』（一六～一七頁、現在品切中）に、次のように記しておられる。

《真理は唯一つ　説き方の相違

――キリスト教、マホメット教、仏教等がどうして一つの真理の下に帰一されるのかという問題について谷口総裁は次のように説く。人間の構造はどこの民族も同じであり、人種に従って創造主が違うならば、その創造主の違う人間は別の構造を持たなければならないのに、すべての人種がことごとく同じ構造をもっていることは、一つの神によって造られ、創造主は一つであることに他ならない。造主《つくりぬし》が一つであるところの人間の魂の救われる真理もやはり共通の一つのものでなければならない。それなのに何故世界にいろいろな宗教宗派があるかというと、その教祖が生れてきたところの時代、人種あるいは救われるべきところの聴衆の常識、理解の程度が異なるため》であり、《真理はすべて共通で一つのものに帰《き》す――イビラプエラの会場の半分以上がブラジル人で占められたが、ポルトガル語の通訳がついたために「非常にわかりやすい話」として大好評だった。》

新聞の見出しは「四万人の信徒で埋《うず》まるイビラプエラの大講演」となった。

『生命の實相』その他の文献

さて、『生命の實相』頭注版第11、12巻は万教帰一篇であり、以上述べた内容がくわしく説かれている。また第25巻一九二頁には《仏教の無明縁起《むみょうえんぎ》は「創世記」第二章に書いてあり、『法華経』に説いてある久遠実成《くおんじつじょう》の浄土は「創世記」第一章に説いてある》として、仏教、キリスト教が一致する所以《ゆえん》が説明されている。第30巻には「山上の垂訓の示す真理」がある。何《いず》れにしても「万教帰一」を理解するためには『生命の實相』のそれらの巻を精読しよう。

「生長の家の全貌――生長の家は現代に何を与えるか」（一九五五年一月号『生長の家』〈『生長の家三十年史』所載の「生長の家の信仰及び谷口先生の事業」に摘録〉）には「万教の真理の一致を指摘して世界を平和ならしめる」および「独創的な直感による各宗教義の偏差の調整」（原文は正漢字・旧かな遣い）という見出しで、この万教帰一の真理が明解に説かれている。

ここで私たちが忘れてならないことがある。それは、この万教が一致するということは『生命の實相』の真理を通してはじめてわかることであり、『生命の實相』の真理が如何《いか》に偉大であるかをわれわれはあらためて知らねばならないということである。

キリスト教国ブラジルにおいて、生長の家が高く評価されているのは、この万教帰一の真理のすばらしさが人々に理解され、そしてまた事実、多くの救済の成果があがっているからである。

生長の家の国家観

「一即多」の世界

私はラテン・アメリカ教化総長としてブラジルに赴任し在住八年(一九九九年当時)になる。国家観の問題についても、私は現在のブラジルの国家に対してわれわれは何を為すべきかを考えている。

生長の家のみ教えは日本国家のすばらしさを説くが、それと同時に他の国についても国家が如何にあるべきかを説いている。

総裁谷口清超先生は、この問題について、『新しい開国の時代』、その他の聖典を通して教えて下さった。

『生長の家は伸びる』に次のように書かれている。

《神の国という実相世界は、そこに一切が秘められている根源世界であり、大実在界である。そこには「一」があり、同時に「多」がある。つまり一が単なるノッペラボーの一ではなく、個性的な「多」が同時にあるところの「一」である。それを言いかえると、「多が中心に帰一している世界」とも言えるのである。》(七頁)

このことは国家についても同じことが言えるのである。実相世界は神の国であるが、そこには国家が厳然として存在している。各々の国が互いに尊重し合い、助け合って神に帰一している。そこには国家のエゴイズムは存在しない。自給他足、他給自足の「自然流通《じねんるつう》」の世界である。すべての国が、神の国なる「一」と、個性的文化を持つ「多」と、すなわち「普遍性」と「特殊性」が完全に両立しているのである。これが国際的に行なわれるのが理想世界である。それが個人と個人、家庭、団体、組織においても行なわれることがのぞましいのである。

中心帰一について

中心帰一の世界は、国家において現成《げんじょう》すべきである。それぞれの国は「一」であるとともに「多」である。たとえばブラジル国も、ブラジル人にとっては共通した「一」なる国である。

しかしブラジル国は他国とともに「多」であり、個性的であるとともに、そこに平和で、各人がよろこびにみたされ、助け合い、正義と愛がそこに行なわれる神の国を実現しなければならないのである。

生長の家は、ブラジル国においてはブラジル国を真に神の国の地上顕現にふさわしい国とするために運動を展開している。

中心帰一は「一」の展開として宇宙にもあらわれ、銀河系、太陽系の秩序から、原子核を中心とする原子の中にもあらわれている。

あらゆる組織の中にも中心者が存在する。これは実相世界の中心帰一性のあらわれである。それ故、すべての人々は小集団の中心に帰一するものであるとともに、それを含む中集団の中心に帰一し、さらにそれをこえて大集団の中心に帰一する。そしてそれはもちろん窮極において神に帰一するのである。このような「開かれた」組織が実相を正しくうつす組織である。

ブラジル生長の家の組織は、各自がブラジル伝道本部に帰一し、そのブラジル伝道本部が国際本部に帰一し、国際本部が総裁谷口清超先生に帰一する。そしてそれがそのまま神に帰一していることになる。そしてこれが開かれた神意をあらわす組織である。この組織がブラジル国に対するとき中心帰一の本当の愛国となるのである。

ブラジルの国旗にはブラジルの豊かさと、秩序と進歩が謳《うた》われている。その国の理念を実現することが私たちの大きな使命なのである。

「生長の家の運動をブラジルにおいて行なうのは何のためですか」

こういう質問を「光明講座」（教区ごとに行なわれる講演会）などで地方に行ったとき、テレビ局のインタービューで聞かれる。そのとき私は「生長の家の運動はブラジルの国をよくするための運動です。ブラジル人の一人一人が神の子であることを知ってもらい、ブラジルの国を本当の神の国とするために運動をしているのです」と答える。すると相手はニッコリ笑って「それは結構です」と言ってくれる。私たちはブラジルの国を愛と正義の行なわれる国とし、犯罪のない国とするために、もっともっと多くの人々に真理を知ってもらわなければならないと思う。

天皇国日本のすばらしさについては大聖師・谷口雅春先生が多くの著書のなかでお示し下さった。ともあれ、真理国家といわれる日本の国のすばらしさを人々に知らせ、この聖なる国をいついつまでも護持していくことが私たちの運動の大きな柱であることは皆様よくご存じの通りである。

それでは具体的にはどのようにしてこの日本国を護持するのであろうか。それは天皇陛下に中心帰一することである。それは形式的に天皇を崇《あが》めればよいということではなく、一切の存在を拝み慈しまれる天皇の愛のみ心をわれらの心とすることである。そしてそれはそのまま「人間神の子」の自覚を深めることと同様である。

今後の日本の進むべき道

『新しい開国の時代』に総裁谷口清超先生は、この国際時代にわれらは何を為すべきかについて次のようにお示し下さっている。

《連綿とした継続の中に異なる形や個性が表現されるという「諸法実相」の真理が深く理解されなければならない。この理解が乏しい時、「異」のみをあげつらって争いを激化させ、「同」のみに固執して「新しい鎖国」を実現しようとする。こうなると「普遍性」と「個性」とが対立し合い、それを内包して自己同一化することが出来なくなるのである。かつての時代の「島国根性」は、現代に於いてもしばしば見出され、それをもって「日本精神」と誤解している輩も亦ないことはない。

しかし、新時代の日本は、どうしてもそのすぐれた中心帰一の天皇国の個性をどこまでも護持すると同時に、広く全世界に向って普遍的な愛と正義を実践して行かなければならないのである。（中略）

こうして必然的に新しい日本は全世界とさらに一層交流を活発にし、輸出もするが、輸入もやるのである。輸出か輸入か、そのどちらかに偏るのではない。これが『自然流通の神示』に示されているところの古くて新しい教えである。》（三一四～三一六頁）

また『伸びゆく日々の言葉』には、次のように述べられている。

《もしあなたが日本を愛するなら、日本をよい国にしなければならない。日本がよい国になるということは、日本が、独自の個性を発揮し、中心帰一の〝真理国家〟となると共に、世界各国に愛される〝国際国家〟に成長することである。》(四二頁)

《日本国も立派な歴史と文化を創造した。しかし諸外国にもすぐれた国や国民が沢山いることを忘れてはならない。それを否定して夜郎自大《やろうじだい》をきめこみ、増上慢《ぞうじょうまん》に陥る時、日本人は神意にそむき、進歩発展を停止するか、さもなくば失敗するであろう。過去の敗戦の歴史もその一端を示す。それ故、自国を閉鎖し、諸外国の文化やすぐれた産品を除外し、日本を孤立化させてはならない。》(四三頁)

　このようにわれらは世界に誇るべき天皇国日本を護持するために、政治家をふくめた日本国民がすべて天皇の大御心《おおみこころ》に還帰《げんき》し、国家エゴイズムを超えた「神の国」を実現しなければならない。

　ここに生長の家の国家観と今後の進むべき道があるのである。

第3章

光の回廊

往相と還相 2

〝新しい自分〟を生きる

感謝を生きる

生長の家創始者・谷口雅春先生は『新たに生れるための講話』という本の、いちばんはじめのお話のなかで、『真理の吟唱《ぎんしょう》』の第一章にある「新生を感謝する祈り」をまず朗読しておられる。

《われらここに新しき日を迎う。感謝すべきかな。われ神に感謝し奉り、さらに天地一切のものに感謝し奉る。……》

私は、このように、新生するということは、まず新たに生まれたよろこびと感謝を生きることだと思っている。それは「ありがたい」と心の底から感動することである。ありがたいということは、有ることが難《かた》い、ということであり、存在することを当りまえと感ずるのではなく、自分は無から存在を贈与されたものである――いまここに、新しいいのちを与えられた、生かされている、という実感で生きることと言えよう。

谷口雅春先生の詩「朝讃歌《ちょうさんか》」に次のような行がある。

吾れと　その雰囲気と
一体にして境《さかい》なし
ああ　讃《たた》うべきかな生命
われが生命である歓びよ。
生かされている！
生かされている！
生かされている！

私たちが生きているということは、生かされていることなのである。新生の感謝のなかでそのことに気づくとき、もはや、自分というものは肉体のわれではなく、われを取りまくものと一つになって、悦びに輝くのである。
先生は、この詩を次のようにつづけておられる。

生かされている此《こ》の歓びを
心にみたして眼《まなこ》をひらけば

眼前に
朝の太陽は微妙の光をはなち
庭の木の若葉に生命が照り輝く。
若葉の生命の中を
別にまた一つの生命が躍《おど》っている。
雀が金色《こんじき》に輝いて枝から枝へ飛びうつる。
空気が躍っている。
内も外も
燦然《さんぜん》たる生命の大光明世界だった。

この詩を読むたびに、私は新生のよろこびを深く感じる。私たちは肉体によって自他を限っているが、本当に感動したとき、私たちはそういう仮構の世界から本当の世界に超入することができるのである。

霧が晴れる

生きているということは、日々自分が新たになっていることではないだろうか。なぜなら、私たちは絶えず〝現在〟を生きており、現在とは、はじめての時間を迎えることだからである。

これまで無かったものとのはじめての出会いが、生きているということなのであろう。

しかし、私たちはそれを実感としては感じてはいないのが通常である。だれか友達に会うと、私たちは彼はこんな人間だ、と既に知っているつもりで彼を判断する。しかし、それは〝過去〟の彼でしかないので、〝今〟会っている彼は、それだけではない新たなものを持っているはずである。その彼の新たな姿が感じられないのは、私たち自身が自分を新たなものと感じないで、(つまり本当の自分には触れないで)、自分の〝過去〟という固定された殻のなかにいて、それを自分だ、と思っているからである。

だから私たちは、言ってみれば、他人という虚像と、自分という虚像の、二重の〝まやかし〟のなかに生きているわけである。それは霧のなかにいるようなもので、本当にあるものが見えない。

私は青年時代、こうした霧の中から逃れようといろいろ悩んだことは既に述べた。本当のもの、つまり実相を知りたい、と努力した。そしてあるとき、急に霧が晴れた。すばらしい風光に接した。そしてその風光に接した私自身は、それまでの私ではなく、新たに生まれた私自身だった。それは何という悦びであろう。深い感動の渦であった。

人は、いろいろの形でこういう体験をする。そして体験もますます深められていく。自分の体験に固着してはいけないのである。

生長の家総裁・谷口清超先生は、『親と子の愛について』の最後の頁に、次のように書いておられる。

《真理とは、宇宙いっぱいに充満する実在です。それは片々たる現象の知識によって掬《すく》い取られるものではない。だがしかし、すでに吾々の命は、その真理を直観把握している。謙虚であることが、真理に対し最も忠実なる所以であります。》（二五四頁）

私たちは、このように謙虚に、真理を学ぶことが大切だと思う。自分の体験は、実在のすばらしさを自分なりにかいま見たものであり、人はそれぞれのかたちでこういう経験を持つだろう。しかし、それは実在の全貌ではない。しかし、それは同時に実在の一部である。

よろこびの体験

新たに生まれたよろこびと感謝を、私たちは練成道場における体験発表で聴くことができる。次の詩は、ブラジルのイビウーナ練成道場での感動を詩にしたものである。

新生のよろこび
――イビウーナ練成道場にて――

《わたしは　生長の家にふれて
はじめて生きがいを感じました》

壇上に立つ　黒人青年の目に涙が光る
《わたしはこんなに健康になり
幸せいっぱいになりました》
金髪の婦人は　よろこびに顔を輝かせる
《これからは　神様のお役に立つよう
愛行に励みます》
胸張って決意発表する人々の長い列——

ここ　祝福あふれるブラジル
いま　神のみ愛は　サンサンと降る太陽のように
すべての参加者の心に　光をみたす……

ブラジルの人は、よろこびや感謝を、思いきって全身で表現する。決意発表の時間には、ほとんど全員がよろこんで積極的に立ち上がる。それらを見ながら、私自身新たに生まれたようなよろこびと感謝でいっぱいになる。そして心の底から神様の祝福を感ずるのである。

体験談は、だいたい、これまで自分中心に生きていたのが、何らかの形で神の祝福をいただき、自分が生きているのは大いなる力によって生かされているのだ、という真実に目ざめたよろこびの発表である。それは心の昂揚《こうよう》であるが、同時に、それは新しい世界の発見でもある。ほんとうに在るものに触れた、そして本当の自分に出会った、という聖なる認識であるとも言える。

谷口雅春先生の「朝讃歌」にあるように、それは自他一体のすばらしい実相世界の発見ということができるであろう。

私たちは、生きることは新たに生まれることである、という真実を、こうした感動と感謝のうちに直接経験することができる。そのとき、自分と自分を取りまくすべてが光かがやき、よろこびの讃歌をうたっているのである。そして、それこそが、この世界の本当の姿なのだ、とそれらは語りかけているのである。それを体験するためには、私たちは、そのままの心で、素直で、無我に生きるようにと、生長の家のみ教えは明示してくれるのである。

詩について

川端康成氏の感動

川端康成氏が「美の存在と発見」という題でハワイ大学で講演された文章のなかで、インドの詩聖といわれるラビンドラナート・タゴールの言葉を引用して「『魂の永遠の自由は愛の中に、偉大なものは小さなものの中に、無限は形態の絆《きずな》の中に見出される』というのが、タゴールの根本思想であるとのことです」と言っている。

私はこの言葉の中に詩の秘密が隠されているのではないかと思うのである。「無限」という美の本質を「形態」という絆に於いて見出すのが、詩というものではないか。

英語では詩をpoemとpoetryに、フランス語ではpoèmeとpoésieに分けて詩が語られるが、poem, poèmeというのは形となって表現された作品としての詩であり、poetry, poésieというのは、そうした形式を持つ以前の心的状態、即ち詩精神ということになると思う。

詩精神とは「無限」の美を感得する魂であり、それが、実際に「詩」となるためには、どうしても「形」というものでそれを把えなければならないのである。「詩《うた》わない詩人」という言葉があるが、これは、詩的な美を感じても、それを「作品」として形成しない人のことである。

私たちが心の目を開いて、人や自然や文化にじかに触れるとき、私たちは無限なものに触れ、感動するが、詩人とは、それを形の中に於いてはっきりと定着する人間ということになるだろう。

川端康成氏は、ハワイのカハラ・ヒルトン・ホテルに滞在して、朝、浜に張り出したテラスの食堂で、片隅の長い板の台に置きならべたガラスのコップの群れが朝の日光に輝くのを見て感動している。氏は、「ガラスのコップがこんなにきらきら光るのを、わたしはどこでも見たことがありません」とその美しさについて述べ、「カハラ・ヒルトン・ホテルのテラス食堂の、朝のガラスのコップの光りは、常夏の楽園といわれるハワイ、あるいはホノルルの日のかがやき、空の光り、海の色、木々のみどりの、鮮明な象徴の一つとして、生涯、わたしの心にあるだろうと思います」と語っている。

生涯に残るようなこの感動は、ささやかなように見えても、そこに、永遠な美しさを川端氏が感得したことを示すものである。

こんなところに詩の源としてのpoésieがあると思う。言いかえれば、こうした無限なるものへの感動が失われるならば、詩作品を作っても、それは本当の詩にはならないということである。詩精神のない詩作品は、魂の抜けた屍体《したい》のようなものである。そして、こうした本当の詩的感動は、近頃では人々の中で失われてきているように思われる。人間疎外ということが言われるが、人々は、多くは、正しい、深い感動から阻害されているようである。

子供の詩のなかから

あかね書房というところからでている、小学生の詩集に『小さな目』というのがある。その中で、小学校六年生の松田幸子さんという子の作品を読んで、私はとてもいいな、と思った。それは次のような作品である。

世界にわたしひとり

わたしがけがをしても
なんだろう
わたしがかなしくても
なんだろう
わたしが死んでも
世界を見わたせば
ほんのちょっぴりのかなしみ

でもわたしには
いちばんかなしくこわいこと
それは世界にわたしがひとりしかないから
だからせめてわたしは
すべてのことに感謝して
ひとりしかできないことを
まじめに
やってみようと考える

どうだろうか。素晴らしい詩である。無駄な言葉がない。簡潔で、言いつくしている。自分というものを、世界のなかの小さな、たった一人として発見したのである。それは恐ろしいような発見である。理屈としては誰でも知っている。自分は世界中のなかのただひとりなのだと。しかし、彼女は、じぶんの力で自分の情感でそれを発見したのである。それでなくてこのような形の詩は書けない。

そして自分が大きな世界のなかのたったひとりと気がついたとき、彼女は、「だからせめて」「すべてのことに感謝して」と歌うのである。この精神の美しい飛躍を感じないだろうか。世界の中のひとりぼっち、――他人の目から見た自分が、一転して、自分の独自性の肯定、存在の所与性の受容となる――こう説明すれば言いすぎだろうか。そこから彼女は「ひとりしかできないことを」「まじめに」「やってみようと考える」と進む。「まじめに」という言葉は正確である。もっと言えば「厳粛」ということになると思う。自分ひとりしか出来ないこと、それに向かうとき、ひとは、優れた意味で厳粛さを感じる。

この作品には、形而上学的、宗教的世界がある。もっとも、彼女は、勉強したり、考えたりしてこういう詩を書いたわけではないだろう。ここに直観――というか、素直な心がそのまま感じたことを書いたのだろう。しかし、ここには、は、人間存在に対する大きな問いと答えがあっこんな深みのある作品を小学生が書くということは大きな愕《おどろ》きであった。

一期一会について

さて、はじめに引用した「美と存在の発見」の中で川端康成氏は、コップの美しさについてさらにくわしく述べた後、「どこかよその土地、いつかほかの時間にも、ガラスのコップの、これに似た美しさは、もちろんありますでしょう。けれどももしかすると、これとまったく同じ美しさは、よその土地、ほかの時間には、ないかもしれないではありませんか。少なくとも、わたくしはこれまで見たことはありませんので、『一期一会』と言えるかもしれません」と続けている。

一期一会とは、一生に一回こっきりという意味である。千利休が「茶湯者覚悟十体」で、この言葉を使って、茶の道は主人も客も、「いまの茶会が一生でただ一度のもの」と思ってたがいに真心をもってつくすようにと戒めている。

この一期一会こそ、美の本質であり、私たちの生の本当のすがたではないだろうか。

人生は一瞬一瞬が繰返しがきかない連続である。しかし、私たちは、まるで人生とは同じことを繰返すような生き方をしている。これは錯覚である。どんな時間も二度ともどってはこない。再びは帰らない。そこから、私は、人生の、きびしく、清々しいものを感ずる。

あなた方は、一期一会という体験をしたことがあるだろうか。本当に感じた人にはよくわかることである。けれどもこれは難しいことである。というのは、われわれの文化というものは、二度と繰返さないものを、繰返すかのように虚構するという構造を持っているからである。フランスの詩人ポール・ヴァレリーは、文化とは「保存」しようとする人間の営みである、と言っている。宗教は、無常なるものから常住に飛躍する。しかし、この「飛躍」は、無常を、真に体験することによってのみ、成されると思う。人生が一期一会であるということは、私たちが、つねに「はじめてのもの」に出会うということである。

マルティン・ブーバーは、『我と汝』という著作で、現代文明は、かけがえのない、私に対する「汝」というものが失われて「彼」「彼女」「それ」というものにしか人間は向き合わなくなった。「それ」というのは、他のものと置き換えられるものであるが、「汝」というものは、かけがえのないもの、唯一の、直接的な出会いによってしか入り込めない関係であり「なんじとわれとが出会うのは、ひとえに恩寵のたまものである」と言っている。
「それ」の世界とは物の世界であり、私たちが、ひとに対しても、交替のきく第三人称として接するならば、私たちは、物の世界に生きているということになる。

一期一会の出会いに於いて、私たちは、「永遠」と「無限」に触れる。そこに詩精神の源がある。

さっきの松田幸子さんの話で、「ひとりしかできないことを」「まじめに」「やって見ようと考える」というのは、自分の才能とか、特別の内容のことをやるというよりは、じっさい、私たちは「ひとりしかできないこと」を、一期一会の体験に於いて生きるというふうに解釈し直してみたいのである。そのとき、はじめて、生の厳粛さ、健やかさ、きびしさ、すがすがしさが、詩の主題となって誕生すると思うのである。

光にみたされた体験談を読んで

新生の体験

『聖使命』一九八七年(昭和六十二年)一月十五日号に発表された四つの体験談を読んで、私は心が洗われるようなすがすがしい感動をおぼえた。

海上マコトさんの体験は、はじめて実修した神想観で、瞑目合掌した途端、暗いはずの目の前が光に満ち満ちて感じられた。導師が唱える〝肉体はない、物質はない、現象はない、あるのは光明一元の完全な世界のみ〟ということばがそのまま心の底からうなずけた。そしてよろこびが溢れてきて、嬉しくて嬉しくてたまらないよろこび、神想観を終えて目を開けると、壁も机も天井も畳も花も、そして周りの人々も、すべて黄金色に輝いて見えた。音楽も、本当に美しく心にしみるように聞こえてきた、という体験である。

谷藤貴子さんは、神想観、聖経読誦を一心に行ない、終えると、滝に全身をうたれ、きよめられたかのようにすがしくさわやかな感じになった。そして憎しみに囚われていた心が、いつのまにか晴ればれとしたものになっていた。そしてこれまでの自分は本当の自分ではなく、この静かで穏かな心の自分が本当の自己であることを発見した。そして〝感謝することの素晴しさ〟を身をもって実感することができた。

川口文子さんの体験も神想観の体験である。神想観を実修したら、自分の魂が何かに引張られるような感じを受けた。そして気がつくと目の前に、光輝く黄金の世界が現われ、自分は阿弥陀如来の合掌の手の中にすっぽり入っていたように感じられた。そして、自分はすべてと一体になった、自分はいま本当の世界にいる、と実感した。

末松茂さんの体験は『生命の實相』拝読中のことである。見事な筆致で描写されたある箇所を読んだとき、言葉で言いあらわせないほどの驚愕とも言える感動を、体全体で受けた。〝自分は神様の生命だった。肉体ではなかった〟と理屈抜きにはっきりと自覚できた。そして目に見えるものはすべて光のみである。思わず部屋をとび出して外に出ると、目に入るすべてのものが黄金に輝いている。木も山も、木の葉も石ころも、筆舌に尽せぬ美しさである。そして空気まで、まばゆい輝きを発しているのだった。

これらの体験を読んで、私は、以前読んだH・G・ウェルズの文章の一節を思い出した。それは彼自身の神秘体験を通して述べているところである。

《彼がこの変化を見まもっていた時奇蹟が起った。沈む太陽はまだ彼方にあったが、突然そのすがたが変った。雑草の生えた足の下の花、光った水溜り、小さい流れ、空の色を反射して光る河口の広い湾――それらの姿が変った。宇宙は変貌した――まるで、宇宙が中味を開き、彼を引入れて完全に交感したようだった。景色はもはや景色でなくなった。それは「生きた存在」だった。まるで景色が生きていた。実に静かだったが、景色がみんな生きていて、この「巨大な生きもの」が彼を取り巻くようだった。彼はこの生きた景色の真ただ中にいた。彼はこの存在と一つになった。

　時間が停《とま》った。彼は、いろんな音の底に、沈黙を感じた。経験を越えた美を理解した。……》

　また、インドの聖者で、アメリカのR・E・デーヴィス氏の師であるヨーガナンダの自伝にも彼自身の神秘体験が述べてあるが、その美しい一節を思い出した。

《生きているという実感が今迄にないほど強く感じられた。私の自我意識はすでに狭い肉体を離れて、周囲の一切の原子を抱擁していた。遠い街の人々が私の身体のはるか彼方の周囲を緩やかに移動して行く。……

　大洋のような歓喜が私の魂の静かな果しない岸辺に押し寄せて来た。私は悟った、神の霊は尽きることなき至福であることを。神の身体は無数の光の織物である。私の裡《うち》なる輝かしい光は次第にひろがり、やがてそれは町や大陸をはじめ、地球、太陽系、稀薄な星雲、その他宇宙の一切を包み始めた。……

　私はこの天空の中心が自分の心の直観的な知覚の最先端であることを認識した。まばゆい光が私の核心から宇宙組織のあらゆる部分に向って放出されている。》

何という美しく壮大な体験であろう。こうした体験を読むと、多くの人々は、それは幻想とは言わないまでも、主観的な恍惚《こうこつ》にすぎないと思うかもしれない。たしかにそういう面はある。神想観中に神の声をきいたとか、輝かしい世界を見たとかいっても、他人には窺《うかが》うことの出来ないことだから。

私たちは、しかし、こうした体験談を率直に読むと、そこに、いろいろ違った体験であっても共通した特徴があることに気づく。

第一に、こうした体験は、大変な感動とよろこびにあふれている。それは生まれてはじめて経験するような至福の心の昂揚である。いわゆる「至高経験」に属するもののようである。

第二に、こうした体験においては言葉では言いあらわせないというもどかしさを表現者は必ず感じているようである。不立文字《ふりゅうもんじ》の世界を文字にあらわしたという感じである。

第三に、こうした体験によってその人は、本当の自分というものがわかり、自分はいま本当のものに触れている、という明証感、実在感がそこにあるのである。

第四に、見る自分と見られる世界とは一つのいのちといってもよいような結びつきになっていると感じる。それがつよくなると、宇宙と自分が一つである、というヨーガナンダのような体験になる。

神の生命が咲いている

谷口雅春先生は、『新日本の心』で、ある婦人が、水仙の花を見て、それが神の生命が咲いていると感じた体験談を紹介して次のように言っておられる。

《先日、白鳩の集りの席で或る奥さんが、これは体験談じゃありませんけれども、と被仰《おつしや》って話し出されましたが、それは実に素晴しい体験談だと私は思うのであります。体験談と云いますと病気が治ったことだと思っていられる方もあるかも知れませんけれども、病気が治るだけが体験談じゃないのでありまして、もっと深い体験談があってもいい訳であります。》（一〇八頁、原文は正漢字・旧かな遣い）

たしかに、この『聖使命』紙に載っている体験談はそういった〝深い〟体験談である。それは〝聖なる自己の発見〟といっていいと思う。〝聖なる〟という形容詞のもつその内実は、この体験によってはじめて体験者にはわかったはずである。ということは、それを理解する私たちにも、同じような体験がなければ感情移入をすることが出来ないことになる。

宗教体験を理解するということのむずかしさは、同じような深みや高みを既にいい体験している人でなければ本来わからない世界があるということである。

しかし、そうした至難のことを、谷口雅春先生は文章の力によって『生命の實相』に流露された。そのご文章に吸いこまれているうちに、心が浄化され回心が起る。今回の末松さんの体験も『生命の實相』を読んでいて突然訪れた体験である。

これらの体験は、見る者と見られるものとの対立が見せかけのものであり、心の目が開くと、自他一体のかがやかしい世界が今此処にあるのだということを教える。見るものは、すべていのちに、輝いている。そしてその輝きを見ている自分自身も光りかがやいているのであった。

こうした体験は、深い心境の産物であると同時に、私たちの住んでいる世界の、より深い層が顕われたということであり、あるいはそうした層が認識されたということである。それはこの世界が「相即相入《そうそくそうにゅう》」であることの認識でもある。

谷口雅春先生は「相即相入と云うこと」と題して、自他一体について、こんなふうに説明しておられる。

《何故あの山が見えるか、又、美しく感じられるか、ということは不可思議なことであります。あそこにいちょうの木が紅葉している。あの紅葉が美しく見えるのは、何故美しく見えるのであるか。あれが単なる「物質」であるなら、何故、吾々の「心」にそれが美感《びかん》として移入せられるのであるかと云うことであります。吾々はこれを「相即相入」と言っておりますが、「相即」というのは、「相《そう》」は相《あい》、「即《そく》」は、「即《すなわ》ち」「そのまま」であります。互《たがい》に即《そのまま》に相入《そうにゅう》し、相《あい》入《い》りまじっている、互に一つに相即《あいつ》き相入《あいい》り合っているのです。あそこに木があるように見えているけれども、実は、あそこにあの木が紅葉してあるのではない、私の心の中にあの木はあるのである、ということになるのであります。》（『新版　真理』第七巻四～五頁）

《外界と内界とは互に、相即相入――即ち互に一つのいのちでありまます。こちらが仏の生命《いのち》なら、向うも仏の生命であって、互に一つのいのちで、互に入りまじって、つながっているのであって、一体であるのであります。》（同書六～七頁）

つまり、見られる世界と見る者とは切り離せない一つものであるのである。私たちは、日常生活では、現象の表層の生活をしているから、自と他、主観と客観とはそれぞれ独立したものだと思っている。しかし、本当は相即相入であり、自他一体であるならば、こうしたことを如実に体験されるということは何とすばらしいことではないか。

新しい文化にむかって

実在世界が相即相入であるということは、ニューサイエンスという科学の思潮でも説かれている。たとえば『全体性と内蔵秩序』（青土社）では《存在の総体は際辺なく分割できぬ流動運動であり、分断を許さぬ全体をなす。これが本書の一貫した主題であった》と述べている。

同じような主張は、トランスパーソナル心理学でも為されている。これは、ちょうど今回の体験談がその実例に当るが、自分のアイデンティティー（自分であること）が通常の限界を超えて超個の体験をすることがあるが、こうしたことの正当性を明らかにしようとする心理学である。

時代は明らかに新しい転換期にさしかかってきている。〝「物」の時代から「心」の時代へ〟

とはよく言われる合言葉になった。科学と宗教が敵対関係にあった時代は過ぎ、今や科学は、宗教の語る言葉に耳をかたむけ、その宗教体験を基礎として理論的構築を行なっている。生長の家が夙《つと》に説いてきたイザナミ文明からイザナギ文化への推移ということも、今やまさに世界はその時代に入りつつあると思われるのである。

二十一世紀は人類が罪意識から解放され、人間神の子の実相を顕現する時代になることがイザナギ文化の意味である。

体験談の位置づけについて

さて、今回の体験談について、一つ問題にしたいことがある。それは、こうした体験談が、大変すばらしいものではあるが、それを絶対のものと思って、そこに停滞してはならないということである。体験は体験としての現実性を具《そな》えているが、それはある個人の体験としての限定、一面性から逃れることは出来ない。真理は全相である。その一部分のみを絶対化することはひとつの迷いであると『大乗起信論』に説かれている。

禅の本に『十牛図』というものがある。それは禅の修行者のための手引書である。それは牧人が牛を求める姿が十枚の絵に表わされているものである。牛というのは「真の自己」つまり実相の自己である。

第一図は尋牛と題されていて、求道の出発である。第二図は見跡。彼は牛の足跡を見つける。

それは教えをうけて、道理を学ぶ段階である。自他は一体であるとか、実相は完全円満であるという真理を頭で知った段階である。第三は見牛。行において実相をかいま観た段階である。第四は得牛。われ実相を得たり、の段階である。今回の体験談では、こうした悦びが表現されている。ところが、ここは頓得《とんとく》の悟りであって究極ではない。ここから第五牧牛。第六騎牛帰家。第七忘牛存人。第八人牛倶忘。第九返本還源。第十入鄽垂手《にゅうてんすいしゅ》。(てんとは街のこと、垂手とは手をさしのべて衆生のために尽すこと)と、さらに進まねばならないことが教えられている。第十は、街へ行って世間の人に愛行することである。

こうして追って見ると、いわゆる頓得の悟りからいろいろの段階を経て魂は深まって行くわけである。

仏典の『首楞厳経』には、「観」の修行中見て過ぎて行くべき五十の魔境が描かれている。この中には「清浄を成就すれば浄心功極まって忽ち大地十方の山河を見るに皆仏国となって七宝を具足し光明遍満す」という世界も魔境であるとされている。総じて、ヴィジョンを観る境地は、そこに止っていてはならないところのようである。

白隠の『息耕録』には、「上智の人は妄《みだ》りに菩提《ぼだい》を証して、こうした法身仏を見る」として、こうした法身仏を見るような境地も越えられるべきものとしている。

もちろん、このことは前述の体験談の価値をおとすことではない。それを究極のものと考えることが危険なのである。どのような体験でも、それが現象時間の経過の中で行なわれる限り、それは無常である。それは流れるものである。

至高体験について

前にも少し触れたが、心理学者のアブラハム・マズローは、こうした体験を「至高体験」(ピーク・エクスペリエンス)と呼んで、宗教体験の核心であると言っている。それは山の頂きのように感動が高まった状態であり、通常神秘体験といわれるものを含みながら、もっと幅広く日常生活での強烈な感動をも包含した概念とされている。

彼によれば、こうした「至高体験」は、ある場合にはきわめて深刻な、魂を揺さぶるようなものであり、それ以後永久にその人の性格と世界観を一変するほど強い影響力をもつことがあるという。また至高体験においては存在するものがそのまま価値ある、尊いものとして体験される。在ることがそのまま善いこととなる体験である。マズローは、こうした至高体験後に「ひとはすべて神の子である」と確信をもってはっきり述べた人の体験例を挙げている。

こうして見ると、私たちの宗教的な体験として、こうした至高体験はきわめて重要なものだということが出来るであろう。

しかし、彼は晩年になって、至高体験は、ピークに高まるが、その後谷の状態が来ること、自分の意志によって自発的にそのような体験を持つことができないことなどの欠点をあげ「高原体験」(プラトー・エクスペリエンス)ということを言い出した。彼によると後者のこの状態は、永続的な悟りの状態のようなものであるといい、訓練や修練によってそうした状態に到達出来ると述べている。それはエクスタシーではなく、覚醒した状態であり、ありのままの存在を認知できる状態であるという。ともあれ、彼自身、そうした体験をもつことができたと言っているのである。

求道者の進むべき道

私たちも生長の家の信徒としてみ教えを学び、生活に生かして行くならば、明るい感謝にみたされた「高原体験」を持つことは困難ではないと思われる。

宇宙の神秘を直観した天才たちについて、谷口雅春先生はそれを讃えられたあと、普通の求道者の進むべき道を次のように示して下さった。

《宇宙精神の中にある光を見、神を見、神の国の秩序を見、美を見、荘厳を見ることができるのは、これら特殊の天才に限られていることではないのである。すべて人は神の生命と智慧と愛とを自己の内に宿して生きているのである。真剣に、利己的動機ではなく、神の万徳のうちの何らかを生きる目的で生活するとき、その人はきっと自己の個性に叶《かな》った姿で生命の光を見、真理を見、美を見、それを生かす事によって人類に何らかの貢献をなすところの働きができるであろう。》（拙著『光と風を聴く』「推薦の序文」四頁、日本教文社、現在品切中）

私たちの為すべきことは、み教えの全相を把握し、それを生きることである。それは上求菩提、下化衆生の道である。総裁谷口清超先生に中心帰一し、決められた運動方針に従って、その都度全力を尽すことである。

私は四つの美しい体験を読んで、それについての感想を述べた。多くの方々が、こうしたすばらしい宗教体験を得られることを望む。

男・女・ブラジル・日本

「皆さんのうちで、給料をみな奥さんに渡して、奥さんから小遣いをもらっている人は、手をあげて下さい」

ブラジルの相愛会の集まりで私はこう聞いた。手をあげる人は一人もいなかった。みなそんなバカな男がいるものか、といった表情だった。

日本ではご主人が奥さんに家計をあずけて、奥さんが子供の教育費や生活費などを切り盛りしている家庭は、そうすくなくないはずである。中高年の男性ではかなりの人が奥さんにサイフをまかせているようである。

こうしたことは全世界同じことだろうと思って質問したのだが、どうしてこれは日本だけの例外みたいなものだった。

いつか日本の白鳩会の集まりで、私は聞いてみた。

「皆さんのうちで『白鳩』誌を百部一括する人はおりませんか。手をあげて下さい」

するとすぐに、

「ハイ、ハイ」

と手があがった。

「お金はあとでいいですよ」

といったが、多くの人は、

「今持ってるから出します」

といってその場でお金を出してくれた。

同じことを、もし相愛会で聞いたらどうであろう。

「家内と相談して決めないと……」

と言う人が多いのではないだろうか。それほど日本の男性は奥様を信頼しているのである。

パリの空港で

私はかつて、生長の家の講師として、ヨーロッパに巡講させていただいた。空港には、日本の御婦人で、ヨーロッパ人と結婚している方が出迎えに来ておられた。

会場に行かずに空港で彼女たちは私に、ちょっと待って下さい、といって相談しているようなのである。あんまり時間がかかるので、

「何を相談しているのですか？」

と聞いてみると、一人が羞《はず》かしそうに答えた。

「実は空港から会場へ行くタクシー代の持ち合わせがなかったものですから……」

私はあわてて、

「いや、そういうことでしたら私は出張旅費を貰っていますから私が出します」

彼女たちはほっとしたようだった。

あとで聞いてみると、ヨーロッパでは、家計を握っているのはご主人で、奥さんの方は、生活費プラスアルファーをいただいているだけで、このアルファーの数値もあまり高くないそうである。

日本の奥様方は……

私は一九九一年(平成三年)からブラジルで十年間暮した。私はブラジルはヨーロッパと違うから、奥さんが財布のヒモを握っているか、と思ったが間違いだった。

生長の家ブラジル伝道本部の一人の理事が私に言った。

「ブラジルでは、夫が給料から小遣いをのぞいたお金をみな奥さんに渡したら、無駄遣いされてお金をみな失くするのがオチでしょう」

しかし、そうであろうか。ご主人が実際どのくらい稼いでいるかわからないから、奥さんは、ご主人がもっとお金を持っていると思って、貰ったお金をみな使うのではないだろうか。奥様が、ご主人の給料がこれしかない、とわかっていたら、やはりいろいろやりくりして上手に使うのではないか。

一九九〇年(平成二年)、ある日生長の家本部が休みの日に私は新宿で昼食を食べた。中村屋に行ってカレーライスを注文した。中村屋のインドカリーというのは千円以上で、ちょっと昼食には高いのだが、たまにはいいだろう、と奮発した。

私の食卓の近くに、二人連れの親子ふうのご婦人がいた。母親は四十歳くらいで、娘さんは二十歳ぐらいだった。何気なく見ていたら、食べるわ食べるわ、二人で次から次へと、スープ、肉、サラダ、フルーツ、ゼリー、お菓子、コーヒーといった具合で、二人で軽く六千円ぐらいは平らげたであろう。人さまが自分のお金で何を食べようと構わないわけだが、ご主人の方は会社でフウフウ言って働いているのに奥様とはいいご身分だ、と思ったことだった。これも、財布のヒモを握っておられる強みであろうか。

ともかく、日本の奥様方は、この寛大なご主人に感謝すべきだ、と思う。日本の奥さんは、世界を見渡しても例外的な特権を享受しておられるわけだからである。

愛を表現しているか?

同じ相愛会の集まりで、こんどは次のことを聞いた。

「今日、奥さんに〝愛しているよ〟と言って愛を表現した人は手をあげて下さい」

するとたくさんの人が手をあげた。日本ではこんなに手があがらない。ブラジルの人は日本人とくらべて愛の表現が積極的である。奥さんに愛語・讃嘆をよく表現する。そういう意味ではブラジルの女性は幸せである。

日本人は、〝男は黙ってサッポロビール〟ではないが、愛の表現には消極的である。

ブラジルで講話をした日本の生長の家の講師の先生方が皆言うが、ブラジルでは話をしやすいそうである。それは聴衆がたいへん真剣に聴いてくれるからだ。そして感動すると大拍手である。拍手の最中には話してもきこえない。拍手の鳴り止むのを待って話す。

つまり聴衆の参加の意識が高い、というのか、よろこびを全身で表現してくれる。これはブラジル人の大変な長所だと思う。生長の家の教えを伝道するとき、この長所はぞんぶんに発揮される。

イビウーナの練成会で、女子一般練成会が行なわれたとき、決意発表の時間になった。一人の美しい中年の女性がこんなことを言っていた。

「私は生長の家によって真理を教えられ、救われました。だからこの女子練成会に多くの人を連れてくることを決意したのです。その結果、今回は四十名の新人をお連れしました。私のところは、ここまでバスで五日かかります。お金もかかります。でもみ教えのすばらしさはお金以上です。だから私は、ぜひ練成会にいらっしゃい、仕事が忙しくても、休んでいらっしゃい、と言います。だってごらんなさい。仕事が忙しい時でも病院に入っている人もいるでしょう。

これはその人の業《ごう》なのです。人間神の子を自覚し、よいことを行なえば、悪い業は消えて行きます。どうかあなたの幸せのために、あなたの御先祖の幸せのためにも練成会に参加しましょう。こういって私は話しました。そうしたら丁度四十名の方々が参加してくれました。私はほんとうにうれしいのです。なぜなら参加して下さった皆様が幸せになって下さったからです」

その積極的な愛の表現と実行力に私は心を打たれた。〝ここに本当の信仰がある〟と感じた。

ブラジルと、日本と、いろいろ違うところがある。しかし同じところ、変わらないところがひとつある。それは、この生長の家のみ教えは、必ず人々を幸せにする、ということである。

イビウーナの丘から

噴水のある池には緋鯉の群が泳いでいる。ブーゲンビリアの花がその枝を池に垂れかけている。池のうしろに築山があり、松や杉やツツジ、桜、梅、桃など、日本とおなじ樹木が繁っている。

ここはブラジル、サンパウロ郊外のイビウーナにある生長の家練成道場内の日本庭園である。この庭とそれを眺められる八畳の部屋は、生長の家創始者・谷口雅春先生と夫人の輝子先生が一九六三年（昭和三十八年）にブラジルに御巡錫されたとき、お二人におくつろぎいただくために造営された。

私と家内とは、イビウーナの道場に来るときは、この日本間に宿泊させていただいた。もったいなく、ありがたいことであった。

いまこの邸宅は、谷口雅春先生がご命名になった〝光稜荘《こうりょう》〟という名前で呼ばれている。この邸宅は、谷口雅春先生ご夫妻の御巡錫に感謝する記念館として末永く大切に保存することになっている。

この日本間には日本式のお風呂も付いている。谷口輝子先生は、お二人がおはいりになられたお風呂に、あとから入れてもらおうと、手拭を持って奥様がお風呂から出られるのを待ち構えていた幹部のことを書いておられた。（『世界を旅して　後篇』一四八〜一四九頁）また輝子先生はこの本で、《ブラジルの光明化はこの丘の上から全伯へひろがって行くに相違ない》と、今日を預言するようなお言葉を述べておられる。今ではこの千名収容の道場にいっぱい、日本人だけでなく、いろいろなブラジル人が練成を受けにきている。

この日本間は、当時道場の主管だった松田巳代志元ラテン・アメリカ教化総長の公邸と棟つづきの部屋として造られた。いまは、松田巳代志先生のお兄さんの故・松田大二郎氏の奥様である松田清野さんがお一人で住んでおられる。

神のみ業はブラジルに

松田大二郎氏といえばブラジルで最初に生長の家にふれ、救われた方である。その後、生長の家の伝道に活躍され、巳代志先生とともに今日《こんにち》のブラジル生長の家発展の基礎をつくられた方である。

私は一九九一年（平成三年）からブラジルに赴任して、これまでブラジルで活動した先輩のお仕事のあとを辿っていろいろ学ばせてもらった。松田大二郎氏の入信は一九三四年（昭和九年）

のことである。当時、松田氏ご一家は、大二郎氏、夫人の清野さん、弟の巳代志氏、妹の貞子さんの四人暮しで、サンパウロ州パウリスタ線ドアルチーナ市の西南三〇キロの小さい村で、コーヒーの栽培をしておられた。

ふとしたことから大二郎氏はブラジルの風土病であるアメーバ赤痢にかかり、病床に臥《ふ》していた。近所にいた大城粂次郎という人のところに、読書好きの青年だった巳代志氏が訪ねたところ、この人は「これは日本から来た宗教の本で、人間は神・仏の子だと書いています。私はまだよく読んでいないが、よかったら持って行って読んでみませんか」と、黒皮表紙の『生命の實相』(谷口雅春著、生長の家の聖典)を貸してくれた。その借りた本を、巳代志氏は机の上に置いたまま、次の朝、畑に仕事に行った。

夕方仕事から帰ってみると、アメーバ赤痢にかかって寝ていたはずの大二郎氏が床から起きているではないか。大二郎さんにたずねると、その『生命の實相』にひかれて寝床のなかでそれを読んだという。そして一〇頁ほど読んでいるうちに体の具合がよくなり、一日中読み進んでいるうちに、さしもの血便まででていた病気がよくなってしまったというのである。

このことについては、『生長の家ブラジル総支部二十年史』の座談会のなかで、奥様の清野さんが次のように話している。

《主人が一番魅せられたのは「生命の実相」の扉に書かれている〝大調和の神示〟だったんです。主人はそれまでの人生をふり返って懺悔したんです。それというのも日本からブラジルに渡るにあたってお金の問題でずい分苦しんだり悩んで来たようなんでございますね。そんなことから或る人をそのお金のことで憎んでいたことに気づき、本当に悪いことをした、自分が今まで憎んでいたあの人がいたからこそ、このブラジルまで発展して来ているのが自分ではないか、あの人があの様な行動をとってくれたからこそ現在の自分があるのではないか、自分は今まであの人を憎んでいて本当に済まなかったと心から懺悔したんでございますね。するとそれまでの病が癒されてしまったんでございます。》

夫婦ともどもの伝道

清野さんの言葉はつづく。

《それからというものは頭の痛いという伯人、でき物ができて困っている伯人を次々とお祈りをしてあげて治していくんですね。それが、不思議なくらいよく効いて、次々と治っていくんです。》

劇的な神癒があった。それは、あるスペイン人が「自分の家内が気が狂っているから治してもらいたい」とやって来たのだった。奥さんがお産をしたあと、わけのわからないことを言ったり、子供を追っかけたりする、というのだ。大二郎氏と巳代志氏とお二人がその家に行って聖経(生長の家のお経『甘露の法雨』)を誦げた。すると一回誦げ終ったときには、その狂気が治っていたというのである。

こうして、ふしぎに病気を治す人がいる、といううわさは近郷にひろがって行った。〝ぜひ家に来て指導してくれ〟という頼みもふえた。

大二郎氏の個人指導では、『生命の實相』を読んであげ、〝病気はない、立て！〟。一喝すると、医者が見放したような病人も立ち上がったというのである。

私はこうした神癒や奇蹟にブラジル光明化にむけられた神様の深いご意志を感じた。

大二郎氏は『生命の實相』を読み続けられた。そして清野さんの話によると、大二郎氏は四十日にも及ぶ伝道にでかけたという。

交通不便な土地で、馬に乗って泊りこみで伝道に行った。帰って来たときには、馬にばかり乗っていたので、お尻の皮膚がむけて腫れていたこともあったそうである。しかし、そんなことにはお構いなしに、熱心な伝道をつづけられたという。

こう私に話してくれる大二郎氏の奥様の清野さんもご主人と一体になって生長の家ひとすじに歩んでこられた。一九〇三年(明治三十六年)生まれというから当時で八十八歳である。しかし、彼女は練成道場で浄心行(自己の悪感情を紙に書き、『甘露の法雨』の読誦の中で焼却し、心を浄める行事)を実修するときには焼却係をされている。

ブラジル生長の家白鳩会の草創期から連合会長をされ、個人指導にも堪能で、多くの後進を育てられた。

「お早うございます。このイビウーナはほんとうにいいところですね」

私の家内があいさつしますと、清野さんは、

「私は毎日、小鳥さんありがとう、と言ってるんです。ほんとうにたくさん小鳥さんたちが来てくれるでしょう」

おっしゃるとおり、ここには小鳥の音楽家たちがいっぱい来る。

極楽のような庭園には、またいろとりどりの花が咲いている。

妙好人の清野さんは、毎日生かされていることに感謝して、木にも花にも祝福の言葉を送っている。

「花さん、おはよう。松の木さん、おはよう」

そういえば神様のやさしい眼《ま》なざしのような太陽が、池の面に、まぶしく反射していた。

〝光の国〟から

天国へは遠い

ブラジルに来た当時の話。私は毎日、サンパウロ中心街に近い私のアパートから伝道本部まで運転手に車で送ってもらっていた。たいへんありがたいことである。しかし、いつも伝道本部と自宅との間だけを往復しているので、二月のある日、たまの休みに、バスと地下鉄を乗りついで買いものにでることにした。

日本のものを売っている日本人街（リベルダーデ）へ行くには、家の近くのバス乗り場から、パライーゾという駅までバスで行って、そこから地下鉄に乗ればよい、と教えられて切符をもらった。

バスのことは、ブラジル語（ポルトガル語）ではオニブスという。〝鬼ブス〟と覚えたが、名のごとく大変乱暴でこわい運転である。乗客は椅子や柱にしがみつかないと飛ばされる。

私と妻とは、パライーゾの駅がどこにあるかわからなかったので、窓から駅の看板らしいものを探しながら乗っていた。四つほど停留場をすぎると、Paraisoという大きな看板が目についたので、あわてて〝降りまーす〟と日本語で叫んだ。人をおしわけてやっと降りた。降りてから地下鉄の駅を探したが見つからない。ブラジル語を知らないかなしさで人に聞くことができない。うろうろ二人で探したが見当らない。仕方がないので、バスを待って並んでいる人に、英語で〝パライーゾの地下鉄はどこでしょうか?〟と聞いた。

ブラジル人はほとんど英語を知らないということであるが、一人の白人が、英語が分かるらしく、答えてくれた。

「あんた、ここはパライーゾではありません。パライーゾは、これからあっちの方へだいぶ歩かなくてはなりませんよ」

仕方がないので私と妻とは、暑い真夏の日中を汗をかきかき、パライーゾの駅にむかった。ところで、このパライーゾというポルトガル語は、「天国」とか「極楽」とかいう意味がある。そこで私は教訓を学んだ。すばらしい天国・極楽に行ける切符をもらっていても、自分勝手なところで途中下車しては天国へは行けない、ということである。生長の家の教えは、この〝天国への切符〟といっていいだろう。この切符を持っていれば、天国へ行けるどころか、〝今此処天国のよろこび〟が得られる。しかし、変なところで途中下車しては、幸せの天国には行けない。

私は、この失敗談を、光明講座の話の枕に使った。

たしかに、生長の家では、途中下車する人がすくなくない。

「おかげ様で元気になりました。ありがとうございます。……しばらくお休みさせていただきます」

こういう人々は日本だけでなく、ブラジルにもいる。

ほめる教育

既に何度か述べたが、ブラジル人は生長の家の話を聞くとき、大変反応がよく、感動すると熱烈に拍手をしてくれる。あまり拍手の音が高いので、しばらく鳴り止むまで話を止《や》めなければならない。耳だけで聞いているのではなく、全身で聞いてくれる、という感じである。み教えに対するすなおな信仰の姿勢があふれていて、講話する講師も力づけられる。

五月十九日に伝道本部の大講堂で全ブラジル教育者全国大会が開かれた。現職の教員のみに対象者をしぼって七四五人が集まった。

私が講話中に〝神の子の無限の可能性を引きだす〟とか、〝祈りと愛語と讃嘆〟とかいうところを一夜漬けのポルトガル語で言うと、大変な拍手が起った。彼らは、片言でも私がポルトガル語を入れると心からよろこんで喝采してくれる。お蔭で私も、〝よし、こんどはもっとポルトガル語を勉強しよう!〟という気になる。これでは、私の方が〝生長の家の教育法〟を学んでいるようなものだった。

この大会で、サンパウロ市立小学校の国語教師をしているクレオニセ・ジェニコロさんという方が、感動的な体験談を話してくれた。

一昨年、子宮筋腫になった彼女は、生長の家に来て、感謝することを教えられ、それで全快した。その後、教師の仕事に、生長の家の教えをとり入れ、子供たちを指導している内容の発表である。その大要は次のようである。

「……私が教えている学校はピニエイロス河畔近くの貧民窟にあります。ですから生徒たちもほとんど貧しい子供たちです。そうして暴力や反抗や犯罪を招きやすい環境に住んでいます。学校の机をこわし、壁に落書きをしたり、先生たちをバカにし、学校の入口でケンカしているのは珍しくありません。こうした環境のなかで私は〝生長の家式教育〟を行なうことにしました。『生命の教育』の本を繰返し読み、実行に移しました。……毎日の授業を祈りから始めることにしました。生徒に合掌して目を閉じてもらい、自分自身をほめる言葉、父母への感謝の言葉、先祖に感謝の言葉、国を愛し、大自然のすべてのものに感謝する言葉を復唱させます。

私は毎年五年生のクラスを三つ受け持っています。日がたって気がついて見ますと一一五名の生徒たちが、静かに落着いてきていることがわかりました。そして先生の話をよく聞き、熱心に勉強し、色々の行事にも積極的に参加し、掃除の手つだいや庭の草花の手入れをし、友達や用務員さんや先生方を尊敬するようになってくれました。

……毎月男の子には『光の泉』(ポ語)を、女の子には『白鳩』(ポ語)を配りました。また、『みんなで学ぼう母親教室』のご本にある言葉を謄写版でうつし、父兄の会で配りました。いつも機会があるたびに、授業の中で、人を赦すことのすばらしさ、父母を愛すること、国を尊敬し、愛することを話しました。こうしているうちに気付いたことは、私のクラスの生徒は学校中で一番成績がよくなっていたことでした。……（中略）

私は幸せものです。愛と尊敬に飢えている貧しい子供たちに教えるという使命を神様からいただいたのです。このすばらしい教育法をお伝え下さった谷口雅春先生に心からの感謝をささげ、私を生長の家に導いて下さった方に感謝します。（下略）」

この体験談のほか、三名の教師の体験談があった。

一人の教師が生長の家にふれて生長の家の教育をすると、その教師が教える多くの生徒が光明化されるわけだから、教師の方々に大変な使命と責任があるわけである。ブラジルはカトリックの国だから、〝宗教教育〟を受け容れる余地がある。生長の家の教育によって子供が変われば、それがもとになって、たくさんの人たちが生長の家に興味や関心を持ち、信徒につながっていく。

教師たちは、ブラジルでは給料も安く、教師の数も不足しているそうである。そういうところに生長の家を信仰する教師がふえることはほんとうにすばらしいことだ。

ブラジル人の方々は、明るく、素直で、楽天的である。ブラジルの国は、経済事情もわるく、政治にも問題がある。しかし、そこに住む人々は大変明るいのである。私は、だから私の住むこのブラジルを、ひそかに〝光の国〟と呼んでいる。これからもこの〝光の国〟からのメッセージを皆さまに送りたいと思う。

明るい家庭のために

ブラジルと日本と

早いものでブラジルに暮らして十年になる。ブラジルに来て感ずることのひとつに、日本とブラジルの文化の違いがある。生活の仕方が違うのである。

日本では会社の仕事が終ると、男は男同士で飲みに行ったりする。奥さんの方は奥さんの方で女性の友達と亭主たちの品評会をやる。

ところがブラジルでは違う。金曜日の夕方になると、家族が一台の車で海岸へ行ったり、親戚の別荘に遊びに行ったりする。

ブラジル人はお金をかけないで上手に遊ぶのが得意である。そして夫婦、子供がいっしょに週末を過ごすから親子の関係は日本人とくらべて濃密なようである。

ブラジルは人種のるつぼと言われ、八十五ヵ国から来ていると本に書いてあった。そしてそれらの民族が混血して行くからおびただしい人種から成っていることになる。しかしこの大きなブラジルの国で、すべてポルトガル語だけが使われている。国の北部とか南部で多少のなまりはあるようだが、お互いに十分理解できる程度である。

あいさつするときは、抱擁する。日本人からみると表現が派手なようだが、彼らから見れば日本人は内面をあまりあらわさないのでふしぎに思えるようである。

日本人といっても一世は日本の古い生き方というか日本的伝統の筋金入りで、はた目には男尊女卑とも映りかねない。しかし、二世や三世以降になると、もうヨーロッパ的な身振りが板についている。

私は日系二世の生長の家の人にたずねた。

「あんたたち二世の方は、愛情の表現がこまやかで、相手の美点をほめるから、夫婦ゲンカなんかないでしょうね」

するとは相手は、

「そんなことありません。夫婦生活にケンカはつきものです」

とはっきり言う。まあ、人生というのは修行の場だから、どこへ行っても魂を高めるチャンスにこと欠かないのであろう。

ある体験談

ブラジル生長の家相愛会（日語組織）副会長の藤井さんから次のような個人指導の話をきい

た。

ある日親しくしている松本さんから電話があった。

「私が仲人をした山本さん夫婦がケンカをして奥さんが家出しました。先生のところへ夫婦をつれて行きますから個人指導してやって下さい」

松本さんが連れて来たのは山本さんのご主人だけだった。すでに離婚届を出していた奥さんは来ない。

藤井さんは次のような質問をした。

「あなたはお父さんやお母さんとうまくいっていますか？」

「父は今でも日本にいますが、母は私が小さいころ亡くなり継母に育てられ大変苦労しました」

その継母から逃げるためにブラジルに来たのかもしれない、と藤井さんは思った。

「しかしあなたはその継母さんのお蔭で成長したのです。だからお母さんに感謝しましょう」

しかし彼はあまり生長の家を知らないので、なぜ継母に感謝しなければならないか理解できないようであった。

藤井さんは言った。

「あなたがもし奥さんと別れて再婚すれば、子供さんもあなたと同じように継母のために苦しむのです」

〝子供が自分と同じように苦しむ〟という言葉が山本さんの心を動かした。帰りには藤井さんは「生長の家」の月刊誌を彼に渡し、真理の話をした。

　その日から五日目のこと。今度はおもいがけなく夫婦同伴で山本さんは藤井さんを訪ねて来た。

　藤井さんは奥さんに、

「奥さん、どうして帰る気になったのですか？」

「うちの人は一世で働き者ですが、いつも私や子供たちにどなっていました。私は二世です。あんな亭主関白にはついて行けません。とうとう我慢できず家出をしました。そのとき主人はおまえなんかもう家に入れないとけんもほろろでした」

「ところが生長の家の話をきいて主人はすっかり変わりました。〝頼むから帰ってくれ〟と私を迎えに来たのです。でも初めは信用しませんでした。すると電話をかけてきました。それで私は〝子供たちのためにもう一度だけ帰ってみます〟と言いました。すると主人は〝おれのためにも帰ってくれ〟と言うのです。あんなに頑固な主人が一度に変わってしまったのです。だから私にも生長の家のお話をきかせて下さい」

と奥さんは涙ぐんでいた。

　藤井さんは言った。

「山本さん、あんたはえらい。本当の勇気がある。奥さんに頭を下げるなんて誰にでも出来ることではないのです」

そして藤井さんは奥さんに、「奥さん、山本さんが変わったのではなく、本物の山本さんがでてきたのです。すなおに教えを実行すれば何でも解決できないものはないのです。一緒に真理を勉強して幸せになりましょう」と言った。

こうして幸せになった山本さん夫婦は今では「生長の家」の誌友会を開くまでになったのであった。二人は人が羨むほど夫婦仲よく和顔《わがん》・愛語・讃嘆の生活をされている。

以上の話を藤井さんからきいた。私は夫婦調和の秘訣は、日本とブラジルの文化の違いをこえて同じ原理によるということを知った。それは愛情をコトバで表現することである。心の中で思っているだけでは不十分である。

『生命の實相』(頭注版第1巻二〇頁)に次のように述べられている。

《愛語をともなわない愛であるから愛をもちながらも愛の生かす力が完全に発揮せず、愛をもっていない父であり良人《おっと》のように思われがちであります。》

今あるものに感謝

夫婦の調和は、夫と妻のどちらからでも愛を表現すればよいのである。そして相手に心から感謝することである。

何かの本で読んだエピソードがある。結婚しているA子さんとB子さんが夫について批評していた。

A子「私の夫はいばって何でも自分ひとりでやってこまります」
B子「うちの夫はその反対です。男のくせに何一つ自分で決められないで、私の意見ばかりきくのです」

こうして二人が話していると、いつも多弁のC子さんがどういうわけか何も言わないのである。それでA子さんとB子さんがきいた。するとC子さんは、

「みなさんは幸せよ。私はケンカの相手である夫がもういないのです」

不平を言えばきりがない。〝今あるものに感謝せよ〟というが、感謝こそが夫婦調和の秘訣である。そして感謝とは相手の中にあるすばらしい神性をみとめて拝むことである。

夫婦への質問

私はブラジルで光明講座という講演会を各教化支部で行なっていたが、講話のなかで参加者に次のような質問をすることにしていた。まず奥様方に、

一、あなたは夫に完全な自由を与えて、休みの日の外出についても批判がましいことを言いませんか？

二、あなたは食事をつくるとき夫の好きなもの、夫の健康にいいものを第一にするように心掛けていますか？

三、あなたは夫が自慢話をするとき、よい聞き手になっていますか？

四、あなたは夫を、先輩や友人とくらべて批判しませんか？
五、あなたは家庭で、姑《しゅうとめ》や舅《しゅうと》などと調和していますか？
この五つの質問にイエスの人に手をあげてもらった。ブラジルの女性はすばらしい。この五つとも手をあげる人が多かったのである。愛をよく表現するのがブラジル人のすばらしい長所である。

よい見本を示しましょう

明るい家庭はまず夫婦の調和からである。子供たちがいちばん悲しむのは父と母の不調和なのである。子供は親の背中を見て育つと言われている。子供をよくしようとするよりもさきに子供によい見本を示そう。

ちなみにご主人方への質問は次の通りであった。
一、あなたは奥さんの誕生日、結婚記念日をおぼえていて、贈りものをしますか？
二、ひと前で奥さんの悪口を言ったことはないですか？
三、あなたは奥さんに生活費以外のお金を渡していますか？
四、あなたはめんどうくさがらずに奥さんをほめ、愛情を表現しますか？
五、あなたは奥さんの料理をほかの人と比べてけなしたことはないでしょうか？
この五つの質問にすべて手をあげるブラジル男性はすくなくなかった。こんな夫を持ったらしあわせだと思われるかもしれないが、何といってもまず奥様なり御主人なりが自分で愛の表現を実行することが大切だ、と話を結んだ。

御先祖に感謝しましょう

ブラジル人は以前は知らなかったのであるが、今は先祖供養を一所懸命やっている。先祖供養をし、ご先祖に感謝することが家庭の調和に結びつくことを、彼らは「生長の家」のみ教えを通して学んだ。

父と母とが、その父と母に感謝し、御先祖に感謝するとき、子供はおのずからすばらしくなり、健康になる。

生長の家の真理は、洋の東西を問わず、それを実行しさえすれば幸せになる。ブラジルではこうした真理の実証がいっぱいある。

泥棒も神の子

話はさかのぼるが、私がラテン・アメリカ教化総長としてブラジル、サンパウロに駐在して三年目のことであった。

ブラジルはその面積が日本の二十三倍もある。ブラジルでは〝すぐそこにあります。ご案内しましょう〟と言って、時速一二〇キロで二～三時間も車をとばす。

先日サンタ・テクラ練成道場（ブラジル最南のリオ・グランデ・ド・スール州、ポルト・アレグレ市の郊外にある）で、ラテン・アメリカ諸国幹部研修会をした。アルゼンチン、チリ、パラグアイ、ウルグアイ等から参加した人々は大抵はバスで来た。チリから練成道場までは四十二時間、アルゼンチンのツクマン市からは三十二時間、ブエノスアイレス市からでも二十四時間かかる。

そんな距離をものともせずに集まって下さる方々には頭が下がる。

ブラジル駐在三年経ってもまだ全教化支部（これは日本でいう生長の家の教区に当る。全国が約一二〇の教化支部から成っている）をまわることができない。それでもほとんど毎週日曜日は、サンパウロ以外の土地に巡講に出ている。

一九九三年（平成五年）の十月二日と三日は、マットグロッソ州のクイヤバというところで講師研修会を行なった。クイヤバは自然の宝庫といわれるパンタナルの北の玄関にあたる都会である。

私は各地に行くとき、そこの幹部の方々の体験談を聞くのをたのしみにしている。日本から見れば地球の裏側になるブラジルでも、生長の家のみ教えにふれて幸せになった人はたいへん多いのである。

これは、車を運転しながら教化支部長の語ってくれた話である。

ある相愛会の幹部が、強盗におそわれた。ブラジルでは強盗や泥棒がたいへん多く、これまで一度も泥棒に入られたことのない人など、まずいないようである。泥棒は拳銃を持っており、簡単に発砲する。だから強盗におそわれたら、言いなりにならないと生命が危険なのである。

その幹部の方は、誌友会の帰りに数人組の強盗におそわれ、財布、カバン、服、時計など身ぐるみ剥《は》ぎとられた。

泥棒の一人が、カバンを逆さに振って中味を路上にあけた。そのとき、一枚のカードが落ちた。

泥棒の一人は、

「なんだ、このカードは?」

それは聖使命会員のカードだった。

それを拾いあげたもう一人の泥棒が言った。

「あ、これはSeicho-No-Ieだ。このSeicho-No-Ieというのは、われわれ泥棒に対しても、泥棒といわないで神の子として拝む宗教だ」

「えっ。そんな宗教をやっている人から持ち物を奪ったら大変なことになる」

こういって、彼等は、今まで奪ったものを皆返してくれたのだった。

こんな話をしながら教化支部長さんは、時速一二〇キロで道を飛ばす。行けども行けども、まっすぐな道と両側は草原である。実はこの教化支部長は、

「すぐそこに教化支部の土地があるから見てください。将来道場を建てたいと思います」

と言って私をつれてきてくれた。

三〇〇キロ以上も遠かったのである。

泥棒を泥棒と見ないで「神の子」としてその神性を拝む生長の家の教えは、泥棒からも神の子を引きだしたのである。

この生長の家のみ教えをもっともっとひろげれば、ブラジルは泥棒のいない天国となる。そのために私たちは頑張っているのである。

喜びを表現しよう

喜びを表現する

私がブラジルに来て学んだことの一つに、よろこびを表現することの大切さがある。うれしい時には黙っていないで、コトバで、身体でそのよろこびを表現することである。谷口雅春先生はたびたび「明るさは最高の美徳である」と言われたが、ブラジル人は明るさと積極性で大変すぐれている。

講話を聴くとき、まず全員が立ち上がって講師の登壇を迎える。終った時も全員が総立ちになって拍手して見送ってくれる。自分が感動した時には皆こぞって拍手喝采《かっさい》する。それは自分の感動を講師につたえるため、というより、とにかく、よろこびを身体で表わさずにいられないのである。拍手が鳴りひびいていると、話をはじめてもよく聞こえないので、拍手が止むまで待たねばならない。

だから私は冗談で、ブラジル人に話すときは日本人に話すときの半分の原稿を準備すればよい……と言ったことがある。

谷口雅春先生は「生長の家は表現の宗教である」と言われた。愛していてもそれを表現しなければ、ないのと同じである。表現することによってはじめて愛は伝わるのである。だからコトバ――つまり表現が大切になってくるのである。

私は一九九八年（平成十年）の総本山における生長の家秋季大祭のとき、十一月二十二日の「谷口雅春大聖師御生誕日記念・生長の家総裁法燈《ほうとう》継承日記念式典」で海外信徒代表として祝辞を述べる機会をいただいた。そのとき一人のブラジル人のエピソードを述べたが、それを紹介しよう。

あるブラジル人のエピソード

それはある白鳩会員のことである。彼女はサンパウロに住む伝道員である。彼女は生長の家にふれて、うれしくてうれしくて仕方がない。まさに〝世界一の幸福者〟となった。朝の神想観をし、聖経読誦をした。神様と一体であるよろこびが彼女の全身にあふれていた。

その日、用事があったので、朝早くタクシーに乗った。彼女は思わず自分のよろこびを運転手さんに言った。

「私は生長の家に入って、うれしくてうれしくてしようがないのです。なぜって、私のいのちは尊い神のいのちそのものなのです。それが分かると、私の見るものすべてが、光りかがやいて見えるのです。運転手さん、あなたも神の子です。あなたのいのちも輝いています。私とあなたとは同じ神様のいのちをいただいているからきょうだいなんです。今日はなんとすばらしい日なんでしょう。きょうはあなたの車に乗せていただいてほんとうにありがとう……」

こんなふうに彼女は車の中でしゃべり続けた。

さて、目的地についたので、彼女はお金を払おうと思って運転手を見た。すると、どういうわけか、運転手は顔をふせてうつむいているのである。よく見ると肩がふるえている。

「運転手さん、どうもありがとう」

とお金をさしだすと、その運転手は顔をあげた。彼は目にいっぱい涙をためていた。泣いていたのである。そして彼は言った。

「奥さん、私はあなたによってきょう救われました。実はこのところ客がつかず、売り上げがないので私はとんでもないことを考えていました。これはピストルです。私はきょう一番に車に乗った方からお金を奪おうとピストルを用意していました。しかし、あなたのお話を聞いて、私はとんでもないことを考えていたことが分かりました。奥さんのお蔭で私は罪をおかさずにすみました。奥さんありがとうございます。おかげで救われました。これから一所懸命働きます……」

デーヴィス氏の言葉

ブラジルでは一九九八年（平成十年）十月、アメリカの光明思想家デーヴィス氏をゲスト講師にお呼びして、リオ・デ・ジャネイロ市で三日間にわたって栄える会の特別ゼミナールと全国大会を開いた。

デーヴィス氏は、谷口雅春先生が第一回の海外御巡錫をされた一九六三年（昭和三十八年）に、北米で先生のお世話をされた方である。そのとき谷口雅春先生はデーヴィス氏に、翌年に、日本に来て講演をして下さいと依頼された。先生はデーヴィス氏を、若いけれどもすばらしい光明思想家である、と言われ、生長の家名誉講師という称号をさしあげた。

前述のように、私はその時デーヴィス氏の通訳をさせてもらった。その縁があって私は彼をよく知っていた。

リオでの特別ゼミナールと大会で、デーヴィス氏は三日間講話された。私は久しぶりに会った氏が、ずいぶん年をとったのに驚いた。氏にはすばらしい霊的雰囲気があったが、どこか固い感じがあって、何か緊張しておられるように感じた。しかし、氏の講話をきいて聴衆は、例によって立ち上がって大拍手をした。デーヴィス氏は日一日と心がくつろぎ、固さがなくなったように感じられた。

あとでデーヴィス氏が私に言った。

「私は大切なことを忘れていた……生長の家の教えはよろこびを表現する教えでしたね。今回皆様に会って、その圧倒的なよろこびによって、私は生長の家のすばらしさをあらためて思いだしました……」

こう言ってニコニコ笑うデーヴィス氏を見て、私はデーヴィス氏健在なり、と感じた。そして、生長の家の聴衆は、そのよろこびや感動を表現することによって、講師をよろこばせ、講師からすばらしい力を引きだしてくれることをあらためて知った。

「よろこべば、よろこびがよろこびを集めてやってくる」のである。

生長の家総裁・谷口清超先生はいつも「生長の家はよろこびの運動である」と言われる。私たちもブラジル人に負けずによろこびを堂々と表情で、コトバで、そして動作で示そうではないか。そのよろこびの表現がそのまま伝道になるのである。

光《ひかり》の国《くに》から

初版発行――平成十四年　四　月二十五日
四版発行――平成十八年　二　月　十　日

著者――渋谷晴雄《しぶやはるお》〈検印省略〈

発行者――岸　重人

発行所――株式会社　日本教文社
東京都港区赤坂九―六―四四　〒一〇七―八六七四
電話　〇三（三四〇一）九一一一（代表）
〇三（三四〇一）九一一四（編集）
FAX　〇三（三四〇一）九一一八（編集）
〇三（三四〇一）九一三九（営業）
振替＝〇〇一四〇―四―五五五一九

頒布所――財団法人　世界聖典普及協会
東京都港区赤坂九―六―三三　〒一〇七―八六九一
電話　〇三（三四〇三）一五〇一（代表）
振替＝〇〇一一〇―七―一二〇五四九

印刷・製本――東洋経済印刷

装幀――山田英春

●日本教文社のホームページ　http://www.kyobunsha.co.jp/

ISBN4-531- 06370-8　Printed in Japan

＊本書の本文用紙は70％再生紙を使用しています。